KIMONOBANCHO

きもの番長

おしゃれのA to Z

松田恵美

no Salt

・はじめに・

着物大好き、きもの番長
はじめまして！そして久しぶり！
ニャーン
ぴよこです 子猫はバロンよ
長く着物とお付き合いしてきた中で改めて着物の良い所を振り返ってみよう
初心忘れずね
1気分が上がる
布や柄が好きなのでコーデを考える時間が楽しい
ふふふ
このコーデ着るの楽しみだな～
日々の小さな楽しみは大切ね！
2いつの間にか和の文化を知れる
鱗柄は厄除けの意味がある
この柄はこんな意味があったのか！
厄年にもらった腰紐
3長くお付き合いができる
10年以上前に買った普段着の着物が未だに着れる…コスパが良い！
セルフアンティークかな？
なんなら祖母から譲り受けたアンティークの着物や帯も使える
なにかと便利な祖母の色無地の着物
ザ・アンティークな帯
しかも昔ならではの素敵な図案もある

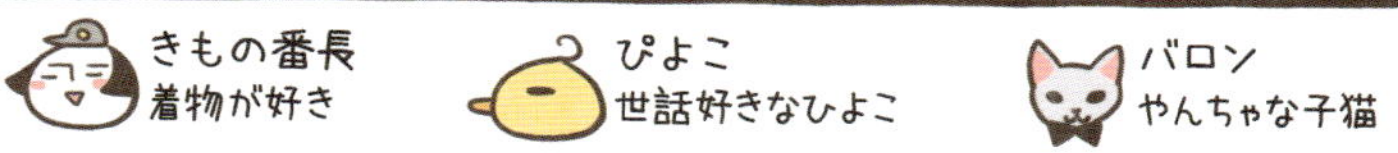
きもの番長
着物が好き
ぴよこ
世話好きなひよこ
バロン
やんちゃな子猫

4趣味の仲間ができる
着物を着て お花を見に 行こう!
車だすよ
ランチは あの美味しい お店で
予約した
行く!
マニアックフレンズ
楽しそう じゃない!
いくつに なっても 青春ね!
今回は今まで 着物を着て出かけた あれこれや
浴衣にチャレンジしたい友達
今年こそ 浴衣着たい!
なるほど
しかしサッパリ わかんない
着物にハマった人のお悩み
着物の 収納ヤバイ!
サイズの合わない 着物どうしよう
大丈夫 だよ
工夫や楽しみ、憧れの人など
ツーフィンガーの指輪を 帯留めとして使ったり
永遠のミューズへの想い
着物の 楽しい所♪
嬉しいことを あれこれ 紹介します!
はじまり はじまり
ニャ
さくら 番長の友達
ゆりこ 番長の友達

子供の頃から
夢見ていた
猫との生活が
やっと叶いました

新しい相棒
バロンです

初めての
猫との暮らしに
ドキドキの毎日です…

ABC

KIMONO
BANCHO
A-C

アンティーク着物の伝道師 池田重子様

着物にハマり始めの頃
着物に詳しい作家のKさんから

アトリエに
おじゃまして
色々教えて
もらってた

数年後、上京し
その展示が
池田重子コレクション
日本のおしゃれ展
と改めて知った…

図録と
手ぬぐいを買った

コレクションは明治以降の
着物や帯、帯留め等、和装品全般

池田重子さんは
時代布と時代衣裳「池田」を目黒に開店
日本有数の着物コレクター
着物コーディネーター、着物デザイナーで
講演会を開き、本も多数
出版されていた

着物ブランド
「夢工房」
「池田重子きものコレクション」の
デザインをされていた

コレクションが季節や
アイテムごとに美しい
写真になっている本を
沢山出版されてる

その後、更に着物にハマり…
池田重子さんのお店へ

なんと
お店の奥に
池田重子さん
ご本人がいらして
びっくり

着ていたアンティーク着物を
褒めて頂いた。褒めて伸ばす
優しい方と感動!

着道楽の松の内
池田重子コレクションより

数年後、2017年秋
横浜のそごう美術館から
「池田重子 横浜スタイル展」の
「きものイラストブック」の
依頼がくる!

自分の人生で
「池田重子」さんに関わる
仕事がくると思わなかった!
この仕事、続けていてよかった…

初のイラスト本
だったので
絵に必要な
ヘアスタイル
足元などを
取材や本を
通して
改めて学び
池田重子さんの
美意識を知る

本に描く絵は
今回の展示から
セレクトさせて
頂いた!
至福!

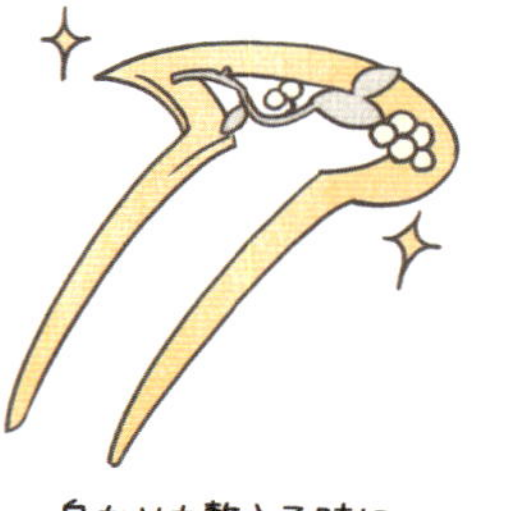

身なりを整える時に
必ず髪飾りをつけるなど

真っ白な足袋に
白い鼻緒、台は黒か白
足元はすっきりと清潔感が大事!
(コレクションの草履はまた別)

学芸員さんの手厚いサポートのおかげもあって
「池田重子　横浜スタイル展きものイラストブック」
完成!

横浜生まれの
池田重子さんが
子供の頃に
横浜が誇る
クラシックホテルである
ホテルニューグランドに
ご家族と行かれてた
エピソードに合わせて
表紙の背景は
そこの大階段

建築好きには
たまらない
ホテル!

そして今回は
きせかえ付き!

本当に切って
遊べる!

横浜の躑躅御殿で育った大正生まれの池田重子さんの
お嬢様ライフをイメージして作りました
きせかえを通して、大正生まれのお嬢様ライフを体験できます!

2017年末
横浜のそごう美術館で開催された
「池田重子　横浜スタイル展」

通路にゆとりがあったので
着物の後ろ側まで鑑賞しやすかった

開催中は
トークショーもしたり

沢山の素敵な着物姿の女性で
会場は華やかに

今回の経験で
白い足袋や
帯揚げによる
引き算の
良さに気づき
着物の
コーディネートが
更に楽しくなった！

我が着物人生に
悔いなし！

その後、白足袋
買いに行った！

ニューヨークの夜
池田重子コレクションより

星柄の半衿
輝く衿飾りは
ダイアモンド！

大正時代の
山繭の黒無地
格子を摩天楼に
見立てた

コレクションの
ダンス用の
素敵な草履

B

薔薇尽くしでアフタヌーンティー

初夏、友人の家の庭にバラが咲いたので
アフタヌーンティー会に
お呼ばれしました♪

バラで
おめかしするぞ!

大きな
巻きバラの
ヘッドドレス
紫とピンクの
テッパン
カラー

半衿は
アンティーク
着物の端切れの
バラ柄

着物は
豆千代モダン

初夏のバラの季節は
意外と暑いのでセオ・アルファの浴衣を
単衣の着物として着ています

帯の後ろ

着物に合わせて
ロマンチックなタッチのバラ柄

バラの香水

ペンハリガンの
エリザベサンローズ
瓶も香りも好き

帯留め

後ろから彫って彩色してある
バラのブローチを帯留めに

レースのハンカチ

少女漫画
みたい

純白のバラの刺繍

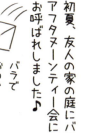

アフタヌーンティーのテーブルセット
上段は
銀座ウエストの
ケーキ
美しいバラの花瓶がセンターに
朝、友人がお庭で摘み取った花々
アンティークレース、アンジェラ
ピエール・ド・ロンサールなど
バラの名前も可愛い！
下段は
パティスリー・
ノリエットの
プチガトー
主催者の
友人
妖艶な
バラの
アンティーク
着物の
コーデ
音楽はショパンの
ワルツ
紅茶は
亜麻色の
ミルクティー
チンチラの
ゆきちゃん
一人一人に
バラの
一輪挿し
スージークーパーの
ティーセット

Catch the SPRING 春は百花繚乱

四季の花を柄で纏う事も着物の楽しみの1つ
春は、特に沢山の花が咲くので
花柄の着物が
集中する季節！

1月2月 はのんびり
水仙、梅が咲き始める
椿は12月～3月頃と長く咲いてる

あけましておめでとう
梅は咲いたか～桜はまだかいな～♪
るん
るん
梅は縁起が良いので前倒しで正月から着てる

3月 暖かくなり一気に咲き始める
辛夷《こぶし》、木蓮、桃、桜、チューリップ

今日は辛夷柄の着物
そろそろ花見の準備も！
チューリップの帯も出番ね！
わく
わく

4月 まさに百花繚乱！
たんぽぽ、スミレ、藤、牡丹、華鬘草《けまんそう》

ああ！もう藤が咲いてる！
お忘れなくほほほー

毎年、桜柄が着れた事にほっとし
藤柄を失念してしまう…

5月 春のお花もラストスパート
芍薬、鈴蘭、つつじ、花菖蒲、ポピー

春の色々な花の柄がある着物は
長く着れるから、初心者さんにも
オススメ！

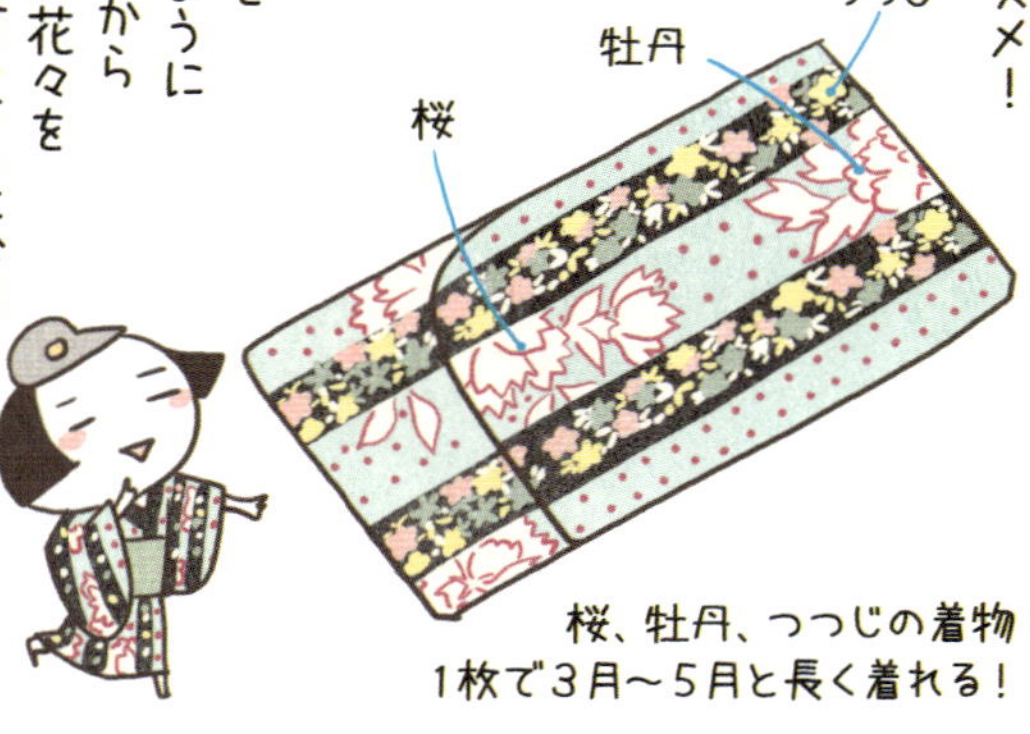
つつじ
牡丹
桜
桜、牡丹、つつじの着物
1枚で3月～5月と長く着れる！

着物を着るようになってから季節の花々を気にかけるようになり春の季節を思いっきり満喫してます

春のコーデ

花柄が
得意じゃない方に
オススメの
引き算コーデ

帯を
目立たせて
着物は
シンプルに
ストライプ

帯は刺繍の
牡丹柄

シンプルな
着物の八掛
（裾の裏地）が
ハッとする色だと
嬉しい

緑の実の
ヘッドドレス

ヨーロッパ
アンティークの
ブローチを
帯留めに

帯は
ポピー柄

桜と牡丹と
つつじ柄の着物
大好きな
ストライプと
水玉の
組み合わせ！

着物と帯は
春の花を集めた
盛りだくさん
コーデ！

全体を
ペパーミントの色で
フレッシュにして
差し色で春色の
ピンクを

バロンは
着物やスカートの
中に隠れる
動くカーテンだと
思われてるもよう
店の暖簾を
くぐってるようだ

大将ー
お店まだやってる?

KIMONO BANCHO D

誰でも浴衣マイスター

・浴衣の話・

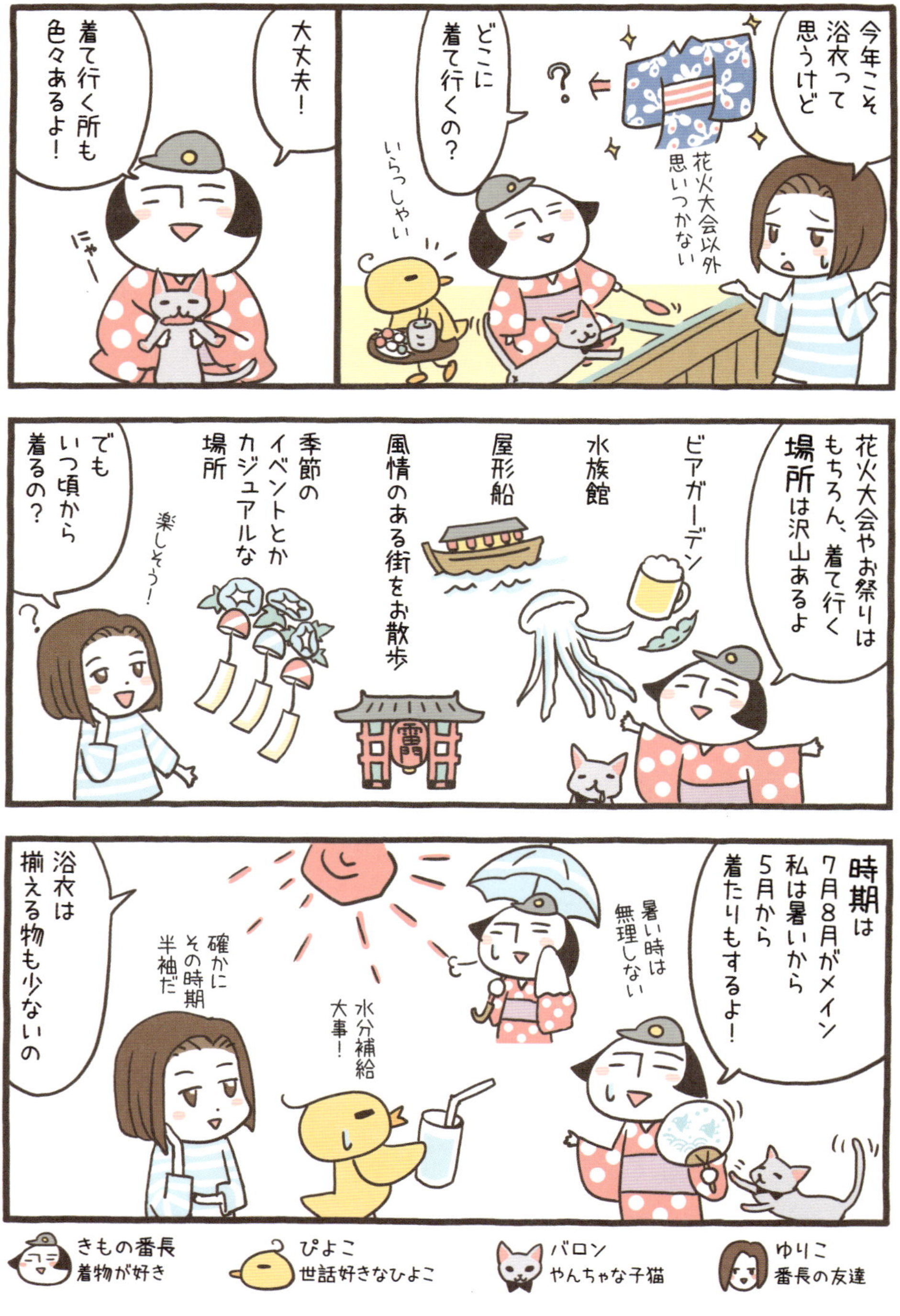
今年こそ浴衣って思うけど
花火大会以外思いつかない
どこに着て行くの？
いらっしゃい
大丈夫！
着て行く所も色々あるよ！
にゃー
花火大会やお祭りはもちろん、着て行く場所は沢山あるよ
ビアガーデン
水族館
屋形船
風情のある街をお散歩
雷門
季節のイベントとかカジュアルな場所
楽しそう！
でもいつ頃から着るの？
時期は7月8月がメイン
私は暑いから5月から着たりもするよ！
暑い時は無理しない
水分補給大事！
確かにその時期半袖だ
浴衣は揃える物も少ないの
きもの番長
着物が好き
ぴよこ
世話好きなひよこ
バロン
やんちゃな子猫
ゆりこ
番長の友達

まずは浴衣に必要な物
浴衣
帯板
半幅帯
伊達締め１本
なるほど
和装下着
腰紐２本
下駄
和装下着って買わなきゃだめ？
舞台のチケット買ったから予算がなくて…
下着は、キャミソールとペチコートでも大丈夫
ワイヤーなしのリラックスブラ
ペチコートは透け防止
膝下まであるといい
私はキャミだけでブラはしない派
へー
ブラをしたい人はワイヤーなしを選んで
胸が大きな人は和装ブラか、スポーツブラが着崩れしにくいです
和装ブラ
OR
スポーツブラ
ボリュームを抑えなだらかに
スッキリなだらかが綺麗なシルエットのコツ
ワイヤーブラだと着崩れしやすい
ショーツは響かないタイプがポイント！
下着はモカ系の色が透けにくいよ！
タイトスカートみたいなもの
股上の浅いレースがオススメ

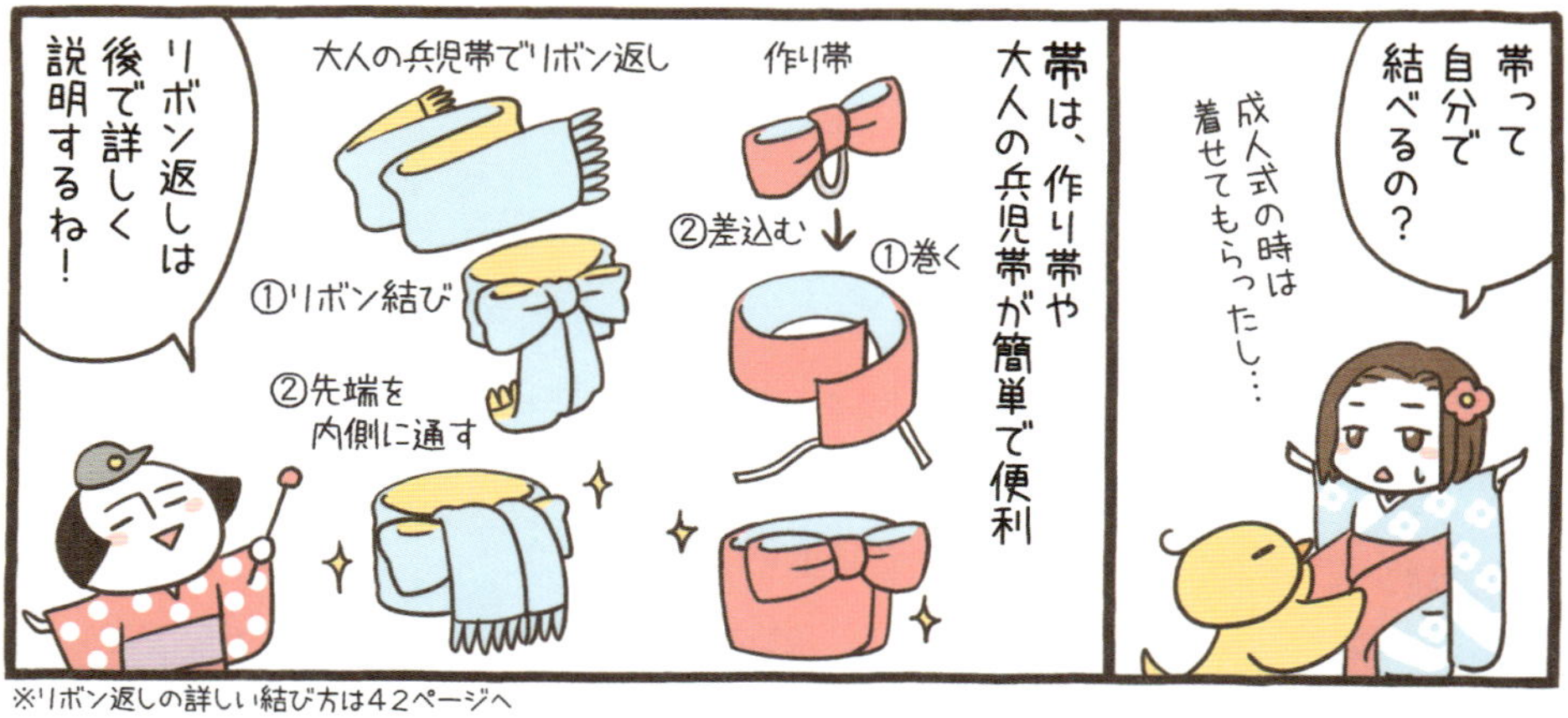

※リボン返しの詳しい結び方は42ページへ

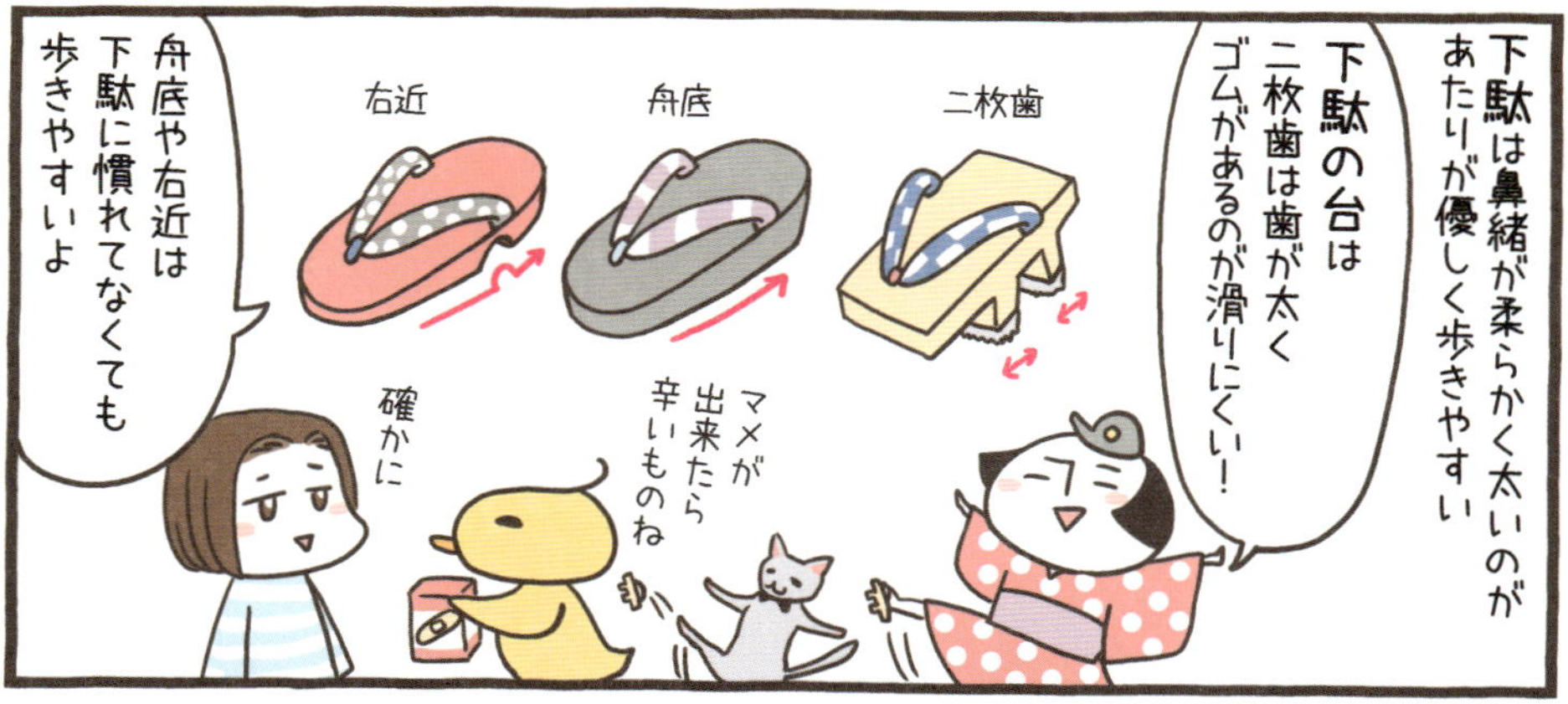

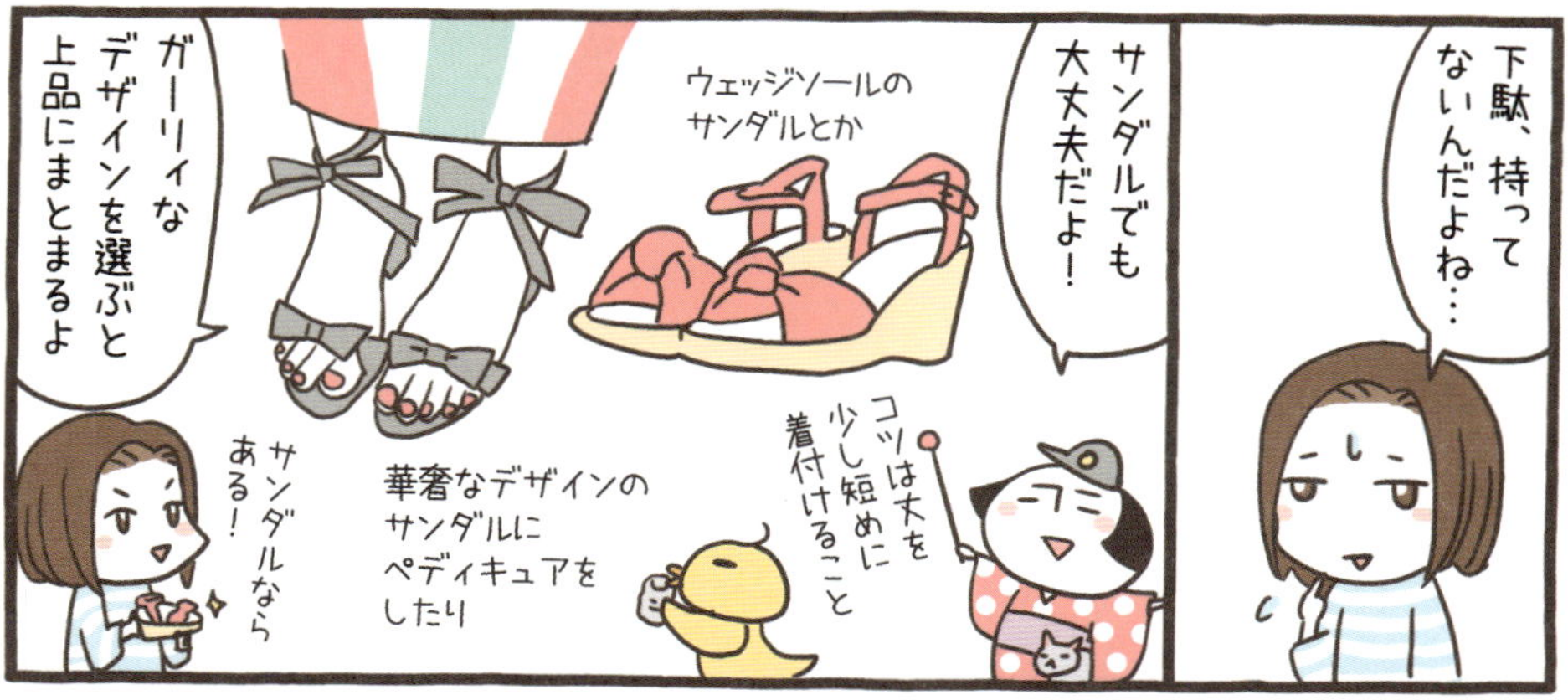

バッグって和装用なの？
持ってない
巾着タイプもあるよね
バッグは洋服の時に使ってるかごバッグや小ぶりのバッグがオススメ
かごバッグ
クラッチバッグ
ショルダーバッグは浴衣の胸元が着崩れしやすくなるので気をつけて
ズリッ
髪を華やかにしたいけどショートだから難しそう…
ヘアスタイルはショートでもターバンやコサージュとかでアレンジできるよ
簡単便利なターバン
コサージュやヘアクリップなどつける
家にある物を組み合わせて浴衣が着れそう！
素敵よ
持ってる物や便利な物を使って
着るのが目的だから楽していいよ！
どこ行く？
どんどん浴衣で出かけよう♪
浴衣着れた！

誰でも浴衣マイスター

浴衣でおでかけ ~ビアガーデン~

夜涼しくなって浴衣に着替えてプールサイドにあるビアガーデンで皆でワイワイ飲むのも楽しそう♪

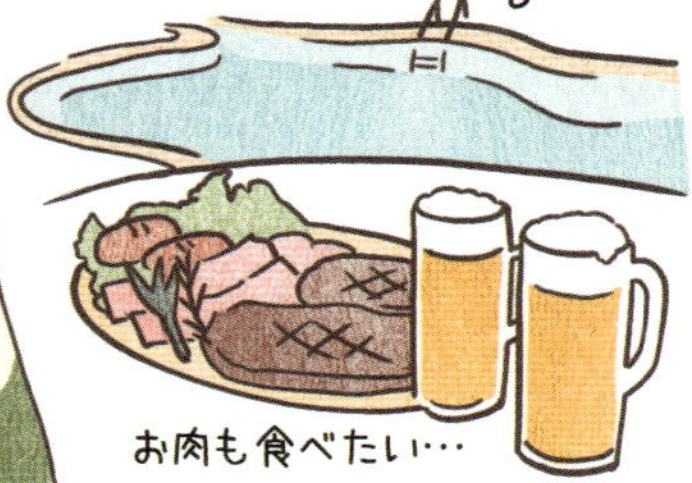
お肉も食べたい…

海が見えるオープンテラスでトロピカルカクテルを飲んで夏休み気分もいいな

思いきり夏を楽しみたい！

ヘアアクセ バッグ、サンダルなど洋服の時に使っている小物をプラスするだけでモダンなコーディネートになります

和洋ミックスコーデ

ショートヘアをターバンでスッキリ

シルバーのクラッチバッグ夏らしく

小物を黒系で統一してモダンに

浴衣は綿紅梅太いストライプ

ペディキュアは浴衣の柄のオレンジでポイントを

浴衣は豆千代モダン

誰でも浴衣マイスター
浴衣でおでかけ
～水族館～

金魚コーデ

日本橋にて
金魚が泳ぐ
アート水族館
「アート
アクアリウム」へ

その前に
日本橋「玉る」で
あなごランチ

あなご巻玉子

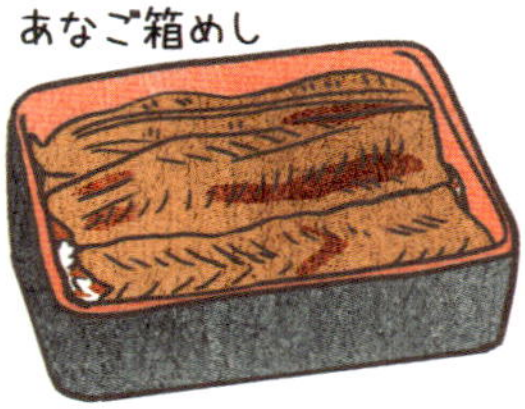

あなご箱めし

更に、穴子笹巻き押し寿司を
友達とシェアした

あなごって
こんなに
美味しかったのか

落ち着いた街なので
古典柄
紗の博多織の半幅帯

金魚の帯留め

浴衣は綿絽の
金魚のぼかし
水族館は暗いので
暗い中で引き立つ白地
紫織庵の浴衣

白木の下駄

「アート
アクアリウム」は
空中を漂うように
ふよふよと舞う
色鮮やかな
金魚たちの
幻想的な
世界でした！

目移り
しちゃう！

誰でも浴衣マイスター

浴衣と履物のコーディネート

履物は下駄でもサンダルでも大丈夫です
コーディネートのコツは浴衣と履物のテイストを合わせるとしっくりきます
古典柄の浴衣には下駄
モダンな柄にはサンダルも合わせやすいです

ウェッジソールの サンダルコーデ

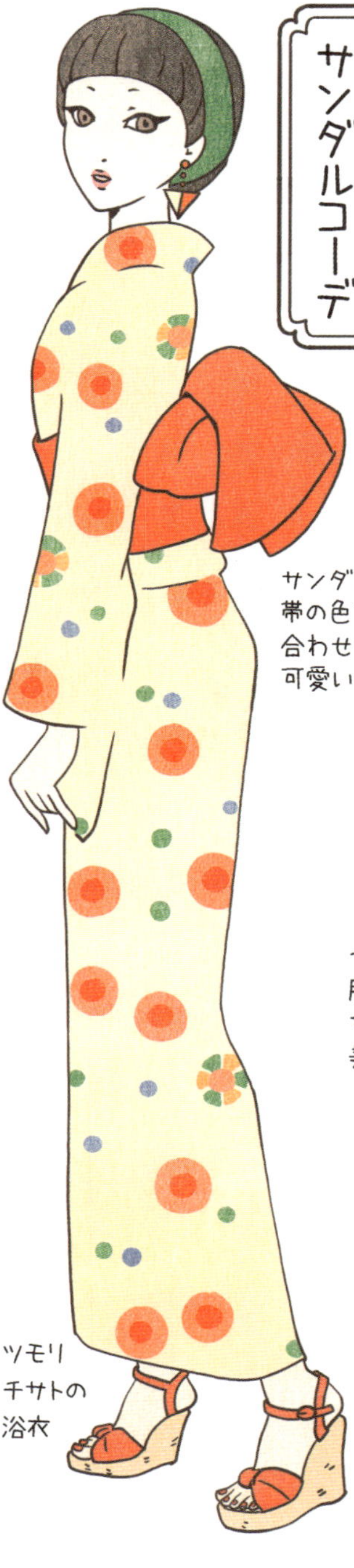
モダンな水玉の
浴衣とサンダルの色を
合わせる
サンダルと
帯の色を
合わせても
可愛い
ツモリ
チサトの
浴衣

サンダル

浴衣にサンダルを合わせる時は少し丈を短めに着付けるとバランスが良くなります

大人のオシャレをより楽しみたい人にオススメの伝統工芸の下駄

寄木細工の下駄

繊細な柄が美しい

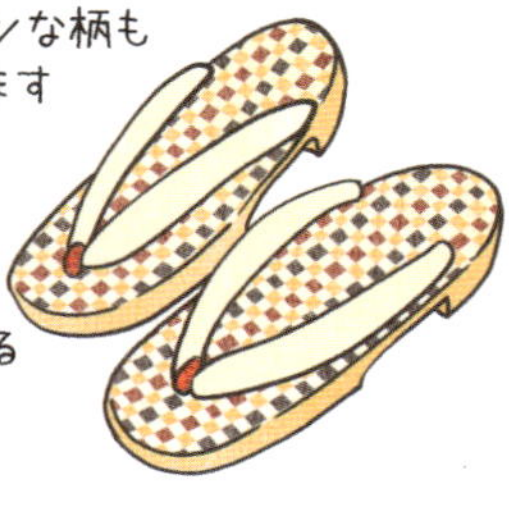
モダンな柄も
あります
つま先や
脱いだ時に
ちらりとみえる
美しさ

艶やかで美しい模様の

津軽塗の下駄

鼻緒の裏側が
水玉!
可愛くて一目惚れした!
やまもとゆみさんの下駄

この下駄で
津軽塗の良さに
気づいた!

誰でも浴衣マイスター

浴衣に似合うバッグは？

バッグは和装用でなくても洋服の時に使っているバッグでも大丈夫です
夏の定番かごバッグや小ぶりのバッグ
クラッチバッグなど小物をポイントにするとオシャレになります

クラッチバッグはチェーンがついてると立食パーティの時に両手が使えて便利！

少し大人の
山葡萄のかごバッグ
萩柄の浴衣に
キリッとしたまとめ髪
山葡萄のかごバッグは使い込むほど艶がでる！
タッセルでポイントを
バッグとお揃いのモチーフのコサージュ
元気でポップな
ひまわりのかごバッグ
浴衣の花の色とひまわりを合わせた
髪をゆるく巻いて三つ編みに
ひまわりのかごバッグで夏らしく

誰でも浴衣マイスター

浴衣とヘアスタイル

ショートヘア
どの浴衣にも合う定番スタイル

斜め後ろだと大人っぽくなる

アシンメトリーなので抜け感がでる

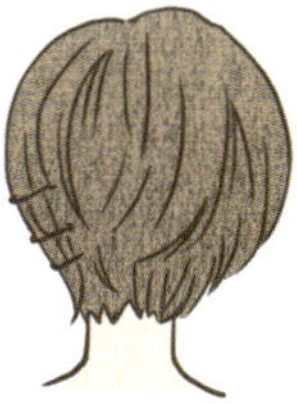

1. ヘアピンを留め土台を作る

2. コサージュを土台に留める

片耳かくし
大正ロマンスタイル

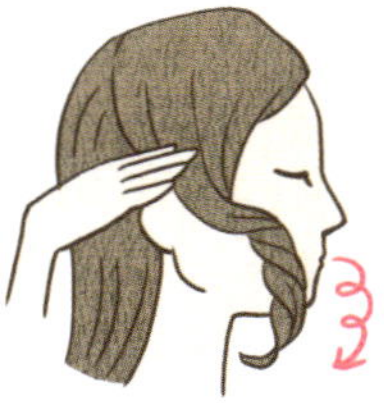

1. 右側の毛束の根元を押さえてねじる

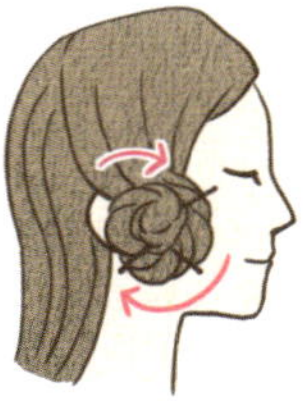

2. 毛先を巻き付けてピンで留める

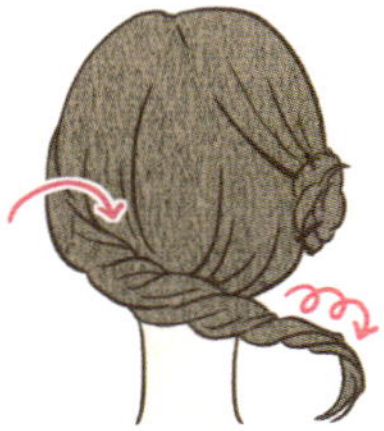

3. 左側から右側に後ろ髪をねじる

4. 毛先を丸めピンで留める

バレッタを留めて華やかに

直毛の人は先に髪を巻いておくとやりやすいよ

ゆるめにねじるとふわっと今っぽい仕上がりに

誰でも浴衣マイスター

浴衣でロックに！

テーマを決めて浴衣を
コーディネートをする時は
連想ゲームの様に
テーマからイメージされる
小物を足して
コーディネートを
作り上げていきます

レコードを
連想させる
浴衣の柄

マニッシュに
浴衣の衿も
あまり抜かず
帯結びは
片ばさみ

後ろ姿をスッキリ
ミニマムに

片ばさみの結び方は
107ページへ

浴衣の裄が
短い時は
太めの
バングルで
カバー！
ポイントとしても
使えます

ロックコーデの
定番は
ブーツですが
夏は涼しく
フェティッシュな
サンダルに

帯は
ルミロックの
スパークリング
スター

ロックを連想させる小物

ROCK'N' ROLLと書いてある
レコードのピアス

スタッズが
ついたレザーの
スターや

アバンギャルドな
ワッペンを帯留めにしたり

自分なりの
ロックのイメージを
広げていく！
アレも
使えるかも？

手持ちの浴衣を小物で新しく

誰でも浴衣マイスター

家にある浴衣を久しぶりに着てみたけどなんだかしっくりこない…
浴衣は好きだからまた着たい！

もっと大人っぽく着たい

帯、髪飾りもセットで買った

そんな時は帯や小物を買い替えてみよう

1. 半幅帯を赤から白系へ

夏の白帯は、使いやすく
1本あると便利！ オススメは博多織

＋

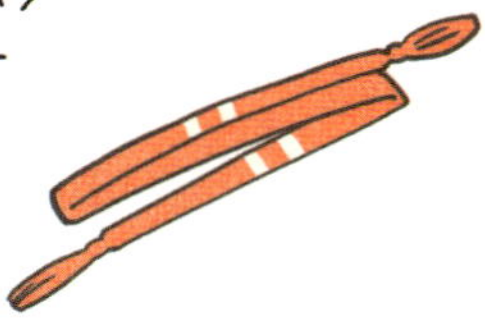

更に、帯締めがあると
コーデが引き締まります
ない場合は、手芸屋さんの
真田紐を帯締めにすると
プチプラで揃います

＋

2. 髪飾りを簪で大人っぽく

浴衣はスッキリコーデにしたので
簪はボリュームを持たせて華やかに

髪はゆるく
巻き
まとめて
簪をさす
大胆な
萩柄の
浴衣
紺の浴衣に
白い帯で
スッキリ！
紺白赤の
テッパン
カラー
差し色に
帯締めで
ポイントを
赤の塗りの
台は素足を
綺麗にみせてくれる

誰でも浴衣マイスター
浴衣を着物風に着るには？

より夏着物風にしたい人の浴衣の選び方

1. 薄手や透け感ある生地

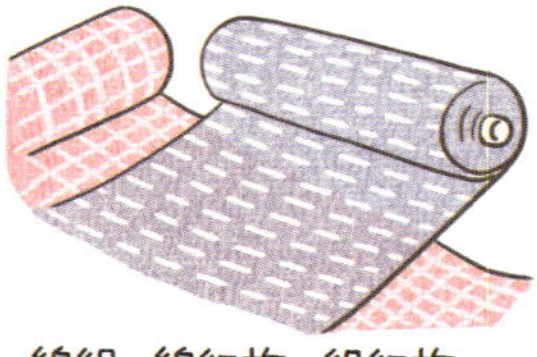

綿絽、綿紅梅、絹紅梅
綿麻、麻、セオ・アルファなど

2. 夏の季節の柄、又はストライプやチェックなど季節に関係ない柄を選ぶ

桔梗、撫子、金魚など

リボン返しを変形して
角出し風に

手持ちの浴衣に簡単プラスアルファー

1. 必要なアイテム
半衿付きの美容衿
又は半襦袢

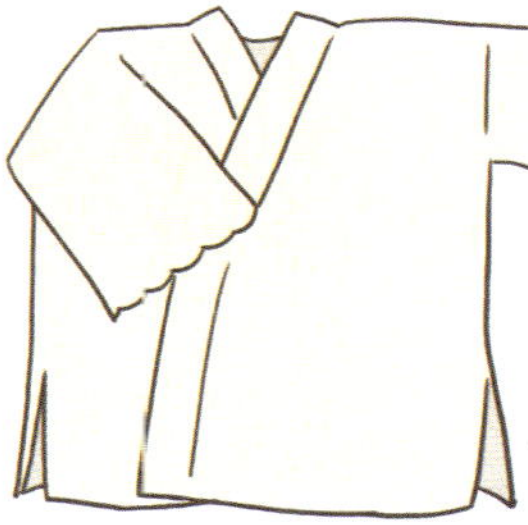

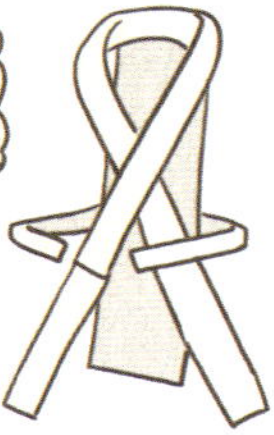

夏用の半衿付き（絽など）が
そのまま使えてオススメ

2. 足袋

ストレッチ足袋は
はき心地が楽です

更に
帯締め
夏素材の
帯揚げを
プラスすると
着物風の
雰囲気が
増す

大人っぽい
雰囲気に
したい時は
半幅帯や
兵児帯でも
できる
角出し風
結びも
オススメ

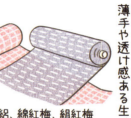

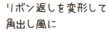

誰でも浴衣マイスター

浴衣に必要なアイテム

チェックリスト

□浴衣
□帯
□伊達締め
□腰紐２本
□帯板
□下駄
□インナー

浴衣＆帯

帯は、半幅帯でも
兵児帯でも作り帯でも
自分が結びやすいものを

インナー

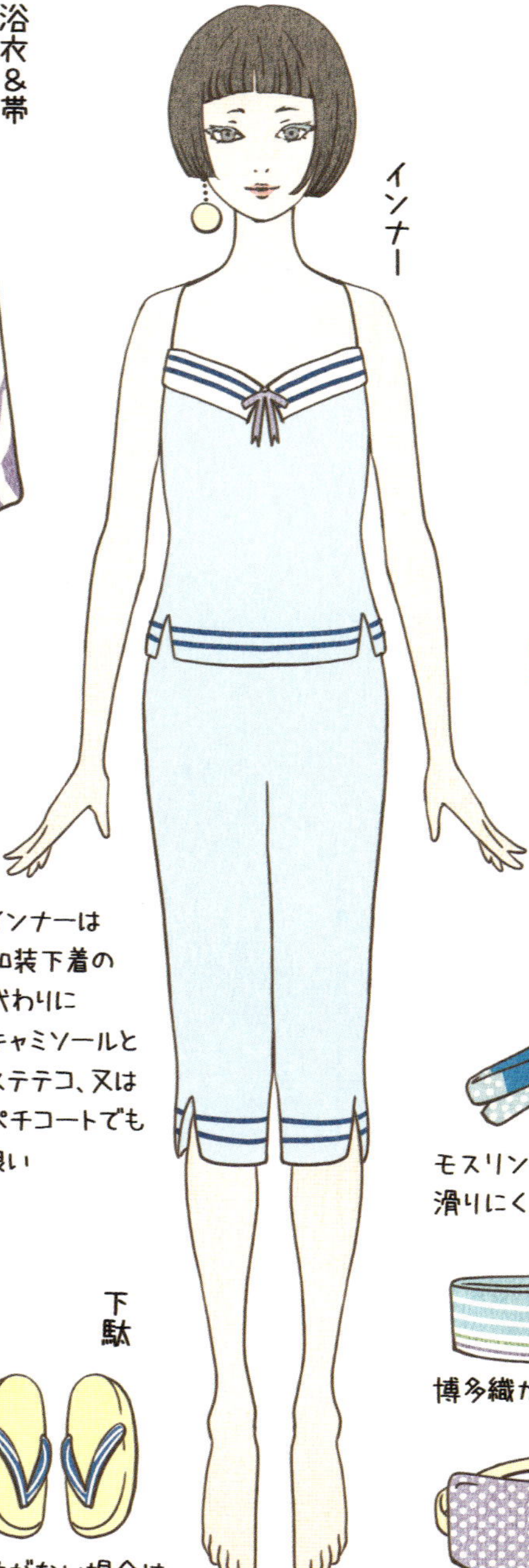

インナーは
和装下着の
代わりに
キャミソールと
ステテコ、又は
ペチコートでも
良い

腰紐２本

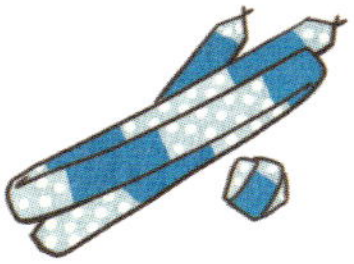

モスリンの腰紐は
滑りにくく着崩れしにくい

伊達締め

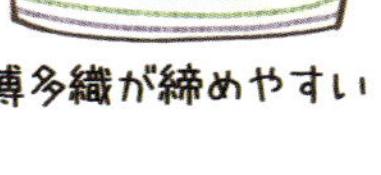

博多織が締めやすい

帯板

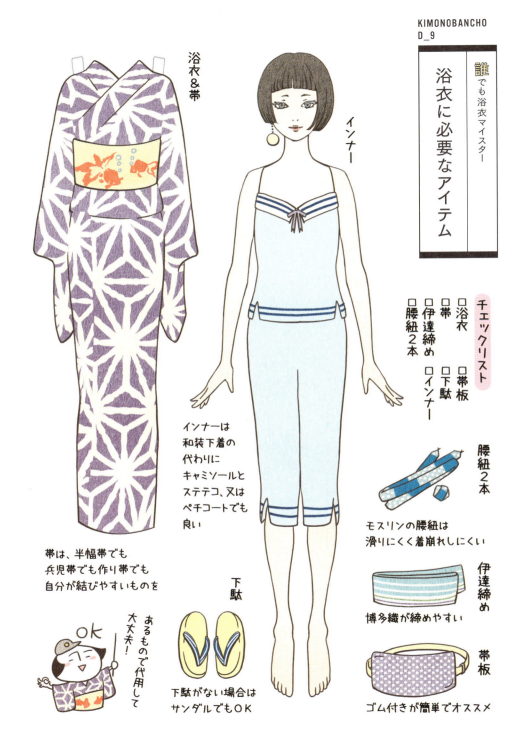

ゴム付きが簡単でオススメ

下駄

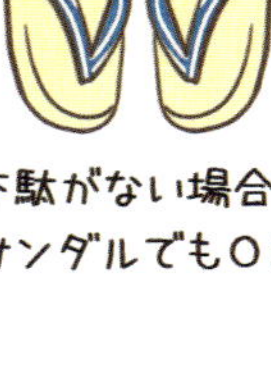

下駄がない場合は
サンダルでもOK

誰でも浴衣マイスター

かんたん補正で浴衣美人

浴衣や着物で着崩れしにくい体形は凹凸の少ないなだらかなライン
体形に合わせ補正は変わりますが基本は、へこみを埋め、出ている所をなだらかにします
少しの補正で、着崩れしにくくスッキリとした着姿になります

ウエストのくびれ

スポーツタオルでウエストを巻き凹凸を埋める

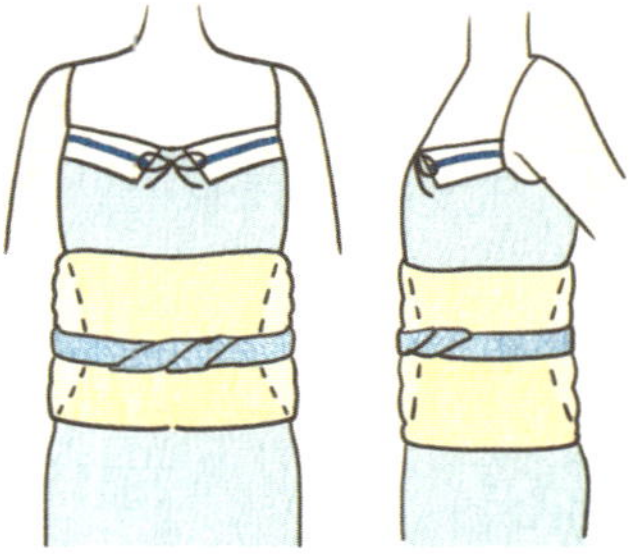

腰紐で巻いてもいいし
マスキングテープで留めてもよい

胸の段差

ハンドタオルを三角に折り
胸とみぞおちの凹みに置きふっくらと

昔からあるタオル地のふきんの
厚みが絶妙でオススメ

グラマーな人

和装ブラやスポーツブラで
胸をなだらかにする

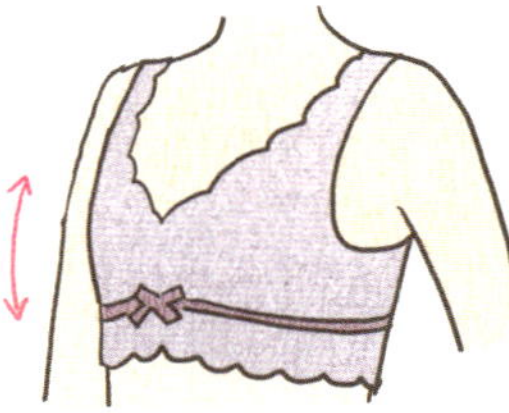

フェリシモのフラットブラは
デザインも可愛くてオススメ!

着崩れしにくい体形

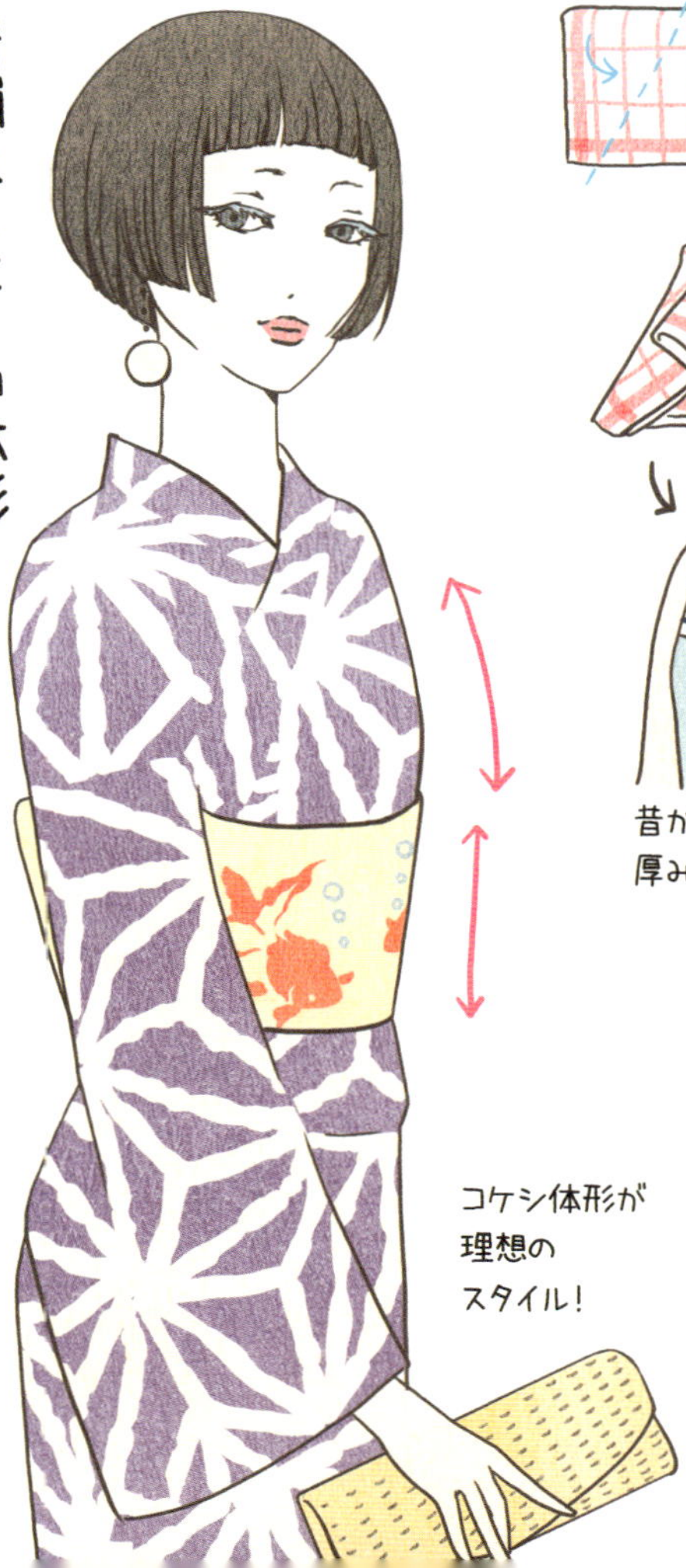

コケシ体形が
理想の
スタイル!

誰でも浴衣マイスター

浴衣の着付けとサイズ

浴衣とサイズ

浴衣も洋服と同じでプレタも
S～Lなどサイズ展開がある
ブランドもあります
フリーサイズでも大丈夫ですが
体に合うほうが、着付けがしやすく
着崩れしにくいので
自分に合うサイズがオススメです
更に浴衣をマイサイズで
作りたい方は、反物から浴衣を作る
「お仕立て」もあります
出来上がりはおおよそ一ケ月後で
反物代+仕立て代になります

裏技

浴衣の掛け衿の
裏を一ケ所解いて
衿芯を入れると
着た時に浴衣の衿が
美しくなる

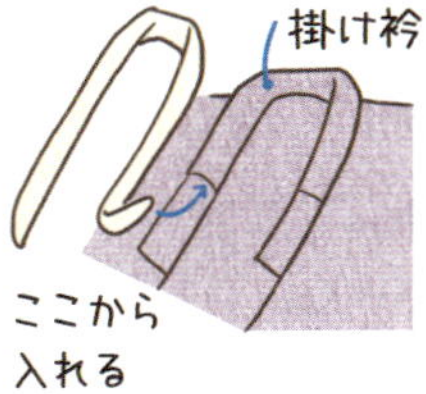
掛け衿
ここから
入れる

1. 裾線を決める

裾線

浴衣をはおり、両手で衿を持ち
床すれすれのところで裾線を決めます

2. 上前の幅を決め、下前を合わせる

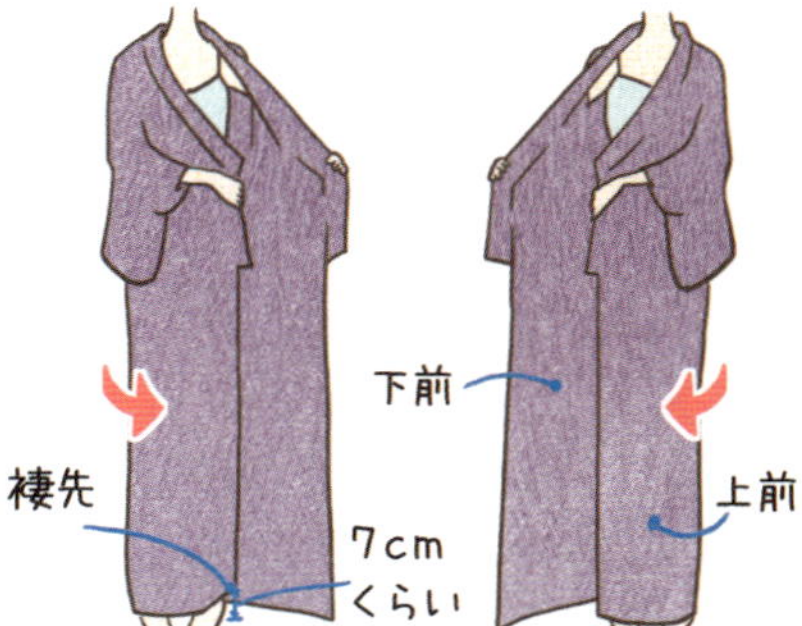
下前
褄先
上前
7cm
くらい

上前の端を右の腰骨の位置に合わせます
決めた上前の幅をキープしながら広げ
下前を合わせ、7cmほど引き上げます
余った場合は外側に折ると、歩きやすいです

3. 上前を合わせる

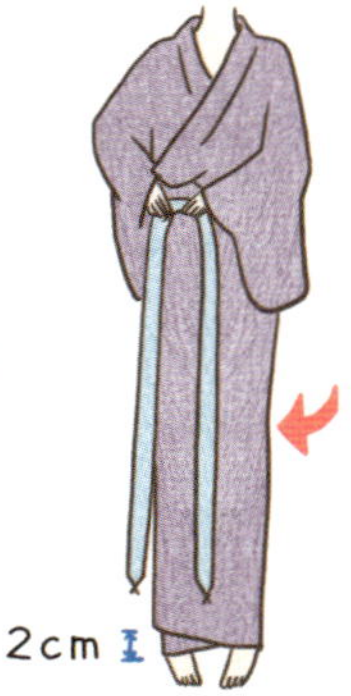
2cm

★下前と上前の褄先を
少し上げると裾つぼまりになる

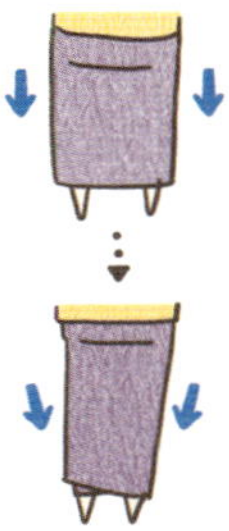

上前を重ね、褄先を2cmほど引き上げます
右手で上前を押さえつつ腰紐の中心を持ち
右の骨盤に当てます

4. 腰紐を結ぶ

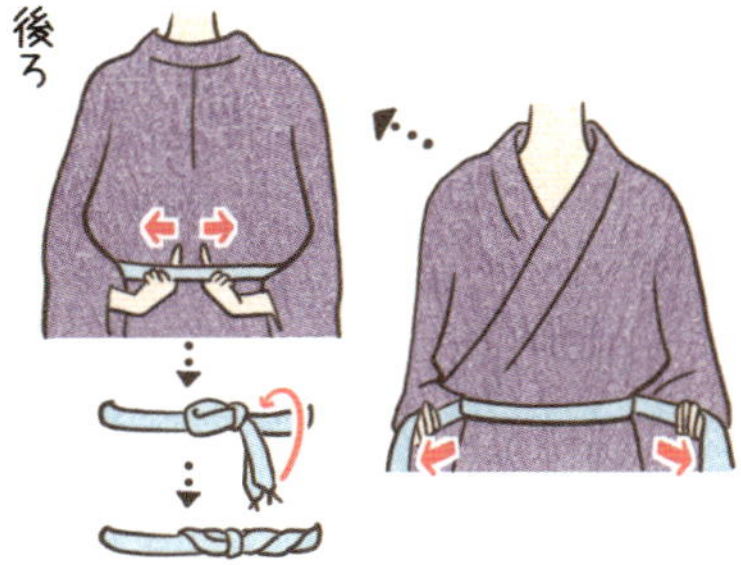
後ろ

腰紐を後ろに回し、交差してギュッと締めながら
前に回して中心からずらして片蝶結びをします
余りは結んだ腰紐に巻き込みます
背中の腰紐に両人差し指を入れ、左右に引き
シワを取ります

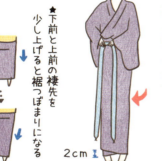

5. おはしょりを整える

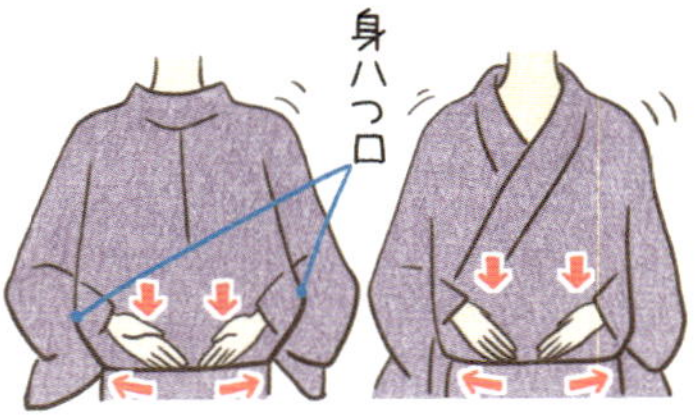

身八つ口

身八つ口に両手を入れ、中心から左右に引き
後ろと前のおはしょりのシワを伸ばして整えます

6. 背中心と衿を整える

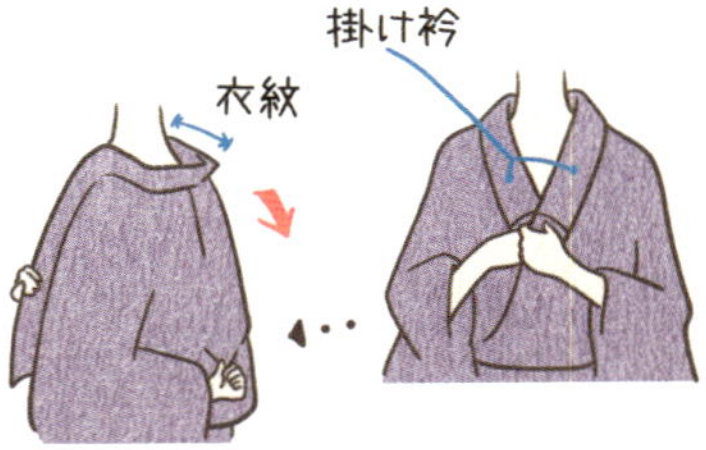

掛け衿
衣紋

掛け衿の左右を合わせ、背中心を合わせます
片手で左右の掛け衿を持ち、もう片方の手で
背中心を引いて握りこぶし1つ分衣紋を抜きます

7. おはしょりの中を整える

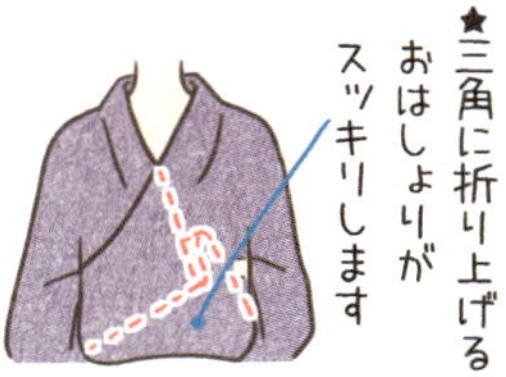

★三角に折り上げると
おはしょりが
スッキリします

身八つ口から手を入れ、中にある下前の
おはしょりを折り上げます

8. 衿を合わせる

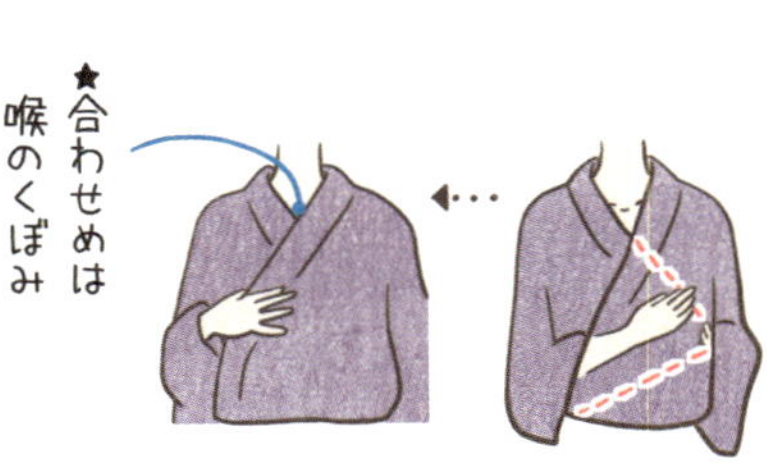

★合わせめは
喉のくぼみ

胸を包み込むように衿を合わせます
衿の合わせめが体の中心に来るようにします

9. 胸紐を結ぶ

★⑨と⑩は
息を吸って
結ぶと
スペースが
できて胃が楽

胸紐の中心を持ち、右胸の下に当てます
④で結んだ腰紐同様に結びます
人差し指で背中のシワを取ります

10. 伊達締めを巻く

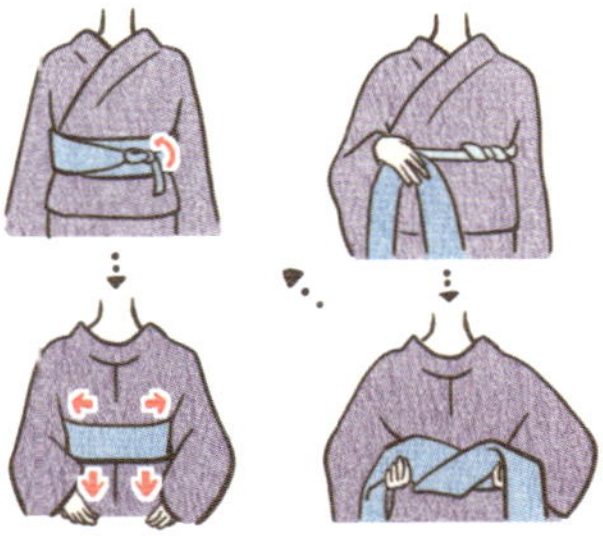

右から伊達締めを巻き、後ろで交差して下になった
方を折り上げます。片蝶結びをして余りを結んだ
伊達締めの中に入れ込み、背中のシワを取ります

ポイント

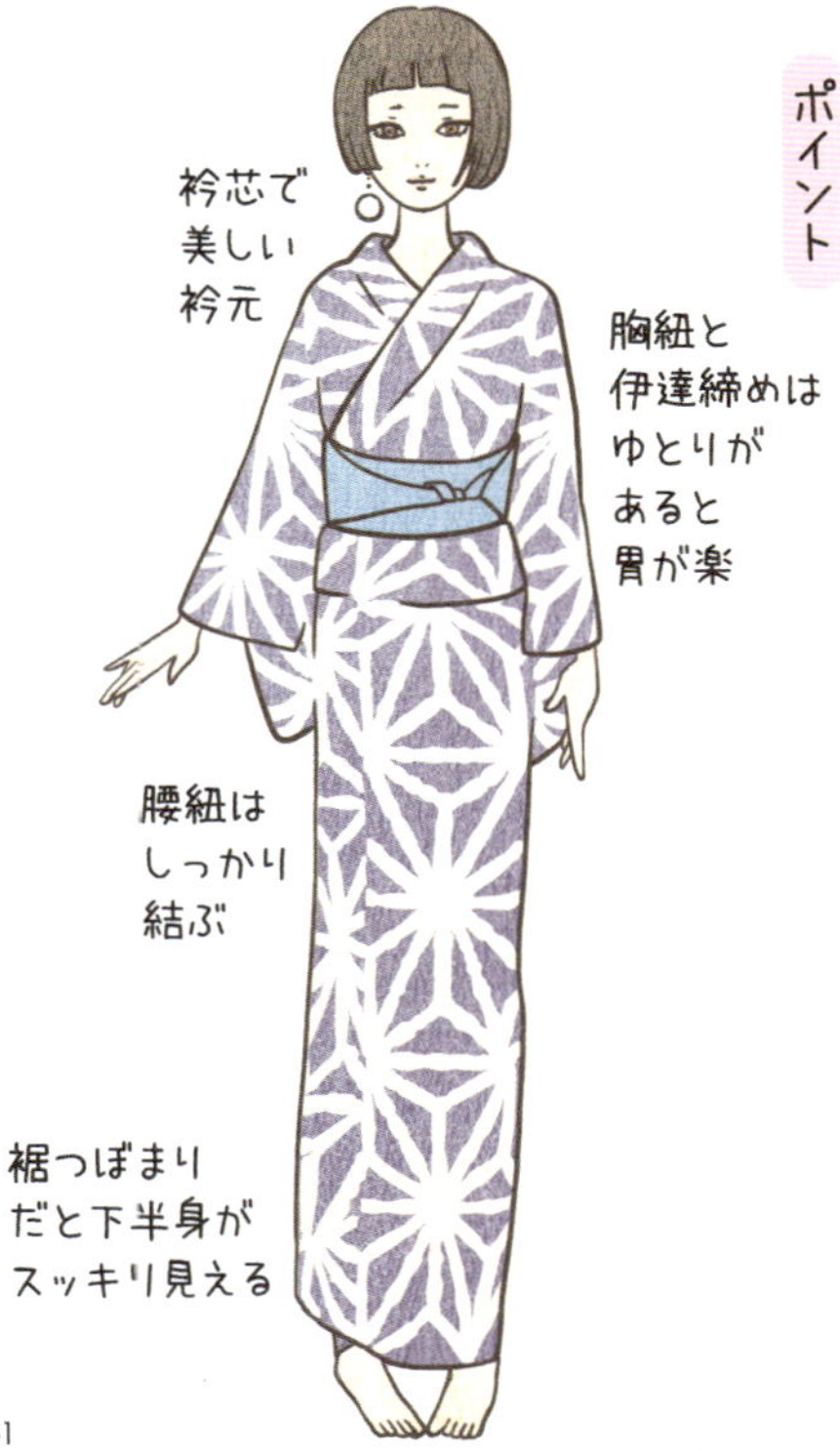

衿芯で
美しい
衿元
胸紐と
伊達締めは
ゆとりが
あると
胃が楽
腰紐は
しっかり
結ぶ
裾つぼまり
だと下半身が
スッキリ見える

誰でも浴衣マイスター

大人の兵児帯でリボン返し

兵児帯の定番の帯結び「リボン返し」
普段私達が生活で使っている
リボン結びが基本になってるので
とても簡単な帯結びです

兵児帯を選ぶポイント

兵児帯は
軽くてハリのある
素材だとリボンが
ふわっとなり
結び目も
下がりにくいです

帯を結ぶ前に

浴衣を着たら
ゴム付きの帯板を
つけましょう
少し前下がりに
つけると
胃が楽になります

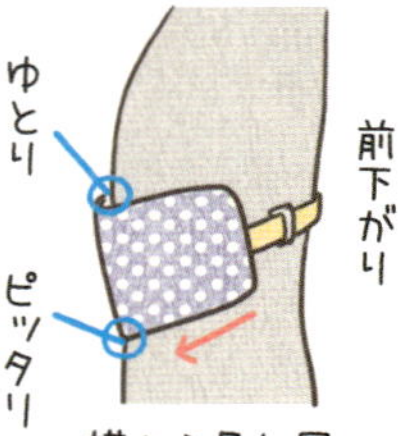
ゆとり
ピッタリ
前下がり

横から見た図

1.

帯の端からおよそ1/3を持ち、後ろから2回巻く。幅の広い帯は半分に折って巻く

2.

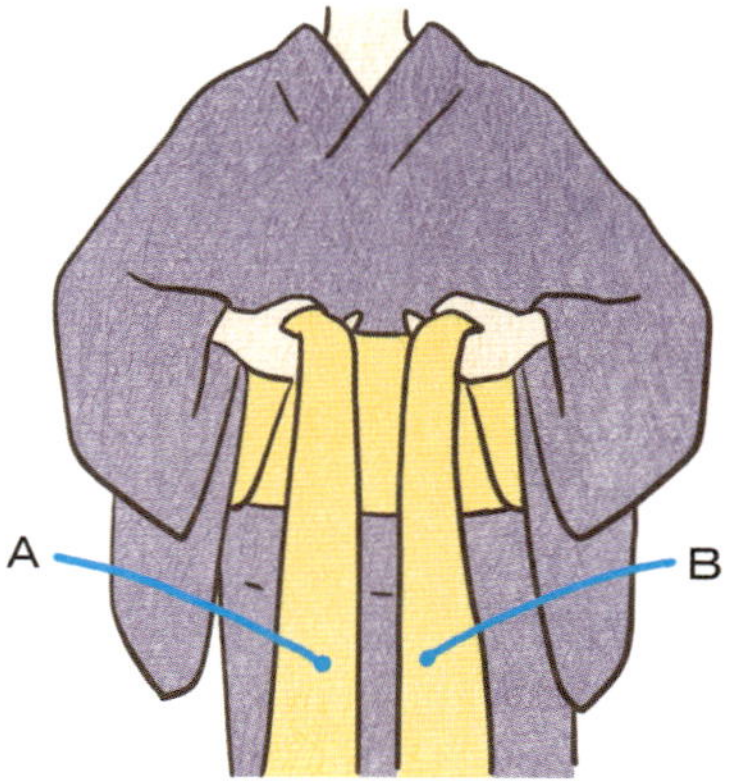
A
B

ABを同じ長さに調節する

3.

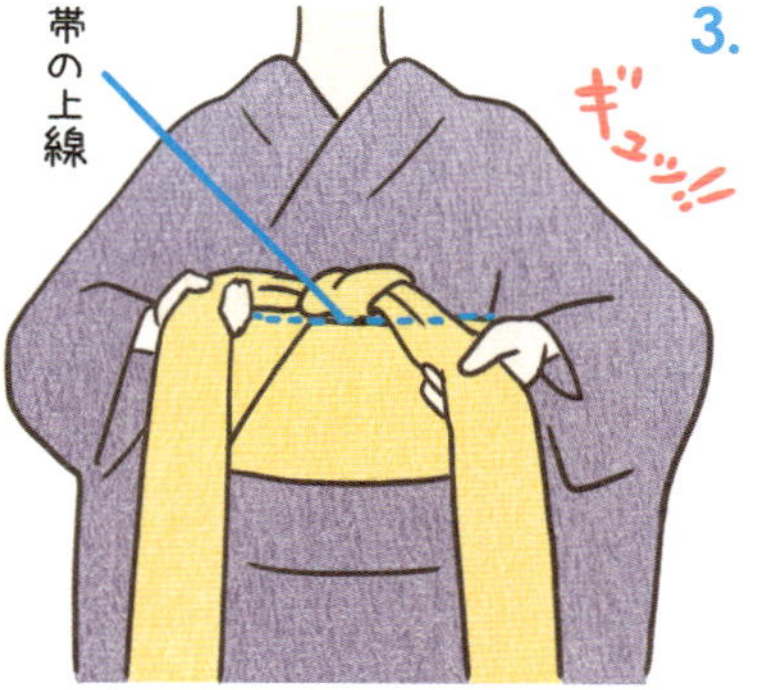
帯の上線
ギュッ!!

巻いた帯を帯の上線でギュッと結ぶ

4.

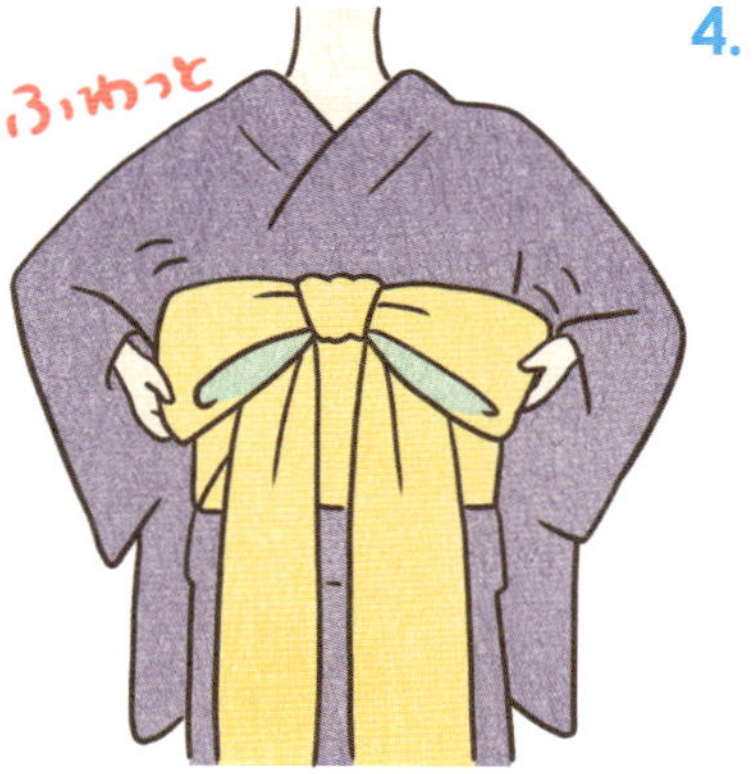
ふわっと

リボン結びをし、リボンを整える

角出し風にも

⑥で全て引き抜き、帯締めに引っ掛け前で結ぶと、より大人の雰囲気に

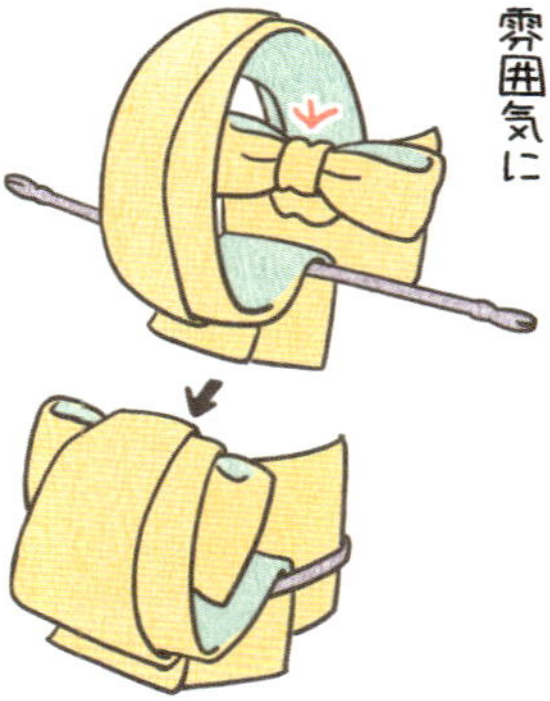

5.

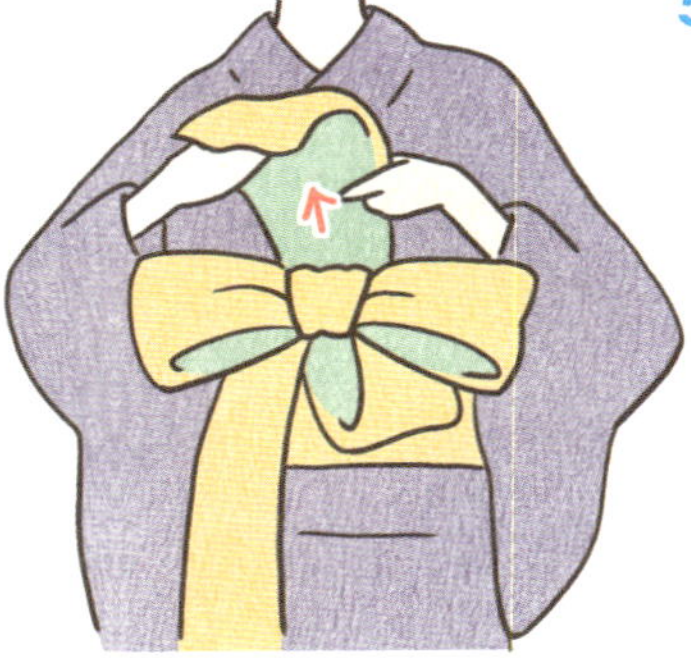

結び目の下からリボンの下の部分を2本とも通す

6.

端をゆっくりと引っ張って長さを調節しリボンを整える。全ては引き抜かない

7.

息を吐いてお腹を引っ込めて帯板がずれないように押さえ帯だけ右へ回し結び目を後ろにする

完成！

ふわっと
ボリュームが
あって
ヒップが
小さくみえる
効果あり！

誰でも浴衣マイスター

大人の兵児帯をよりオシャレに

少し手を加えただけで、去年の兵児帯も新鮮な気持ちで使えます
帯の端にフリンジやフリルを縫い付けるだけでよりオシャレな後ろ姿になります

必要なもの

兵児帯
フリンジ
（帯の幅の２倍）
裁縫道具
フリルやレースをつけると
よりガーリーになります

作り方

1. 帯の幅に合わせてフリンジをカットする

2. 帯の両端にフリンジを縫い付けて完成

もうひとアレンジ！

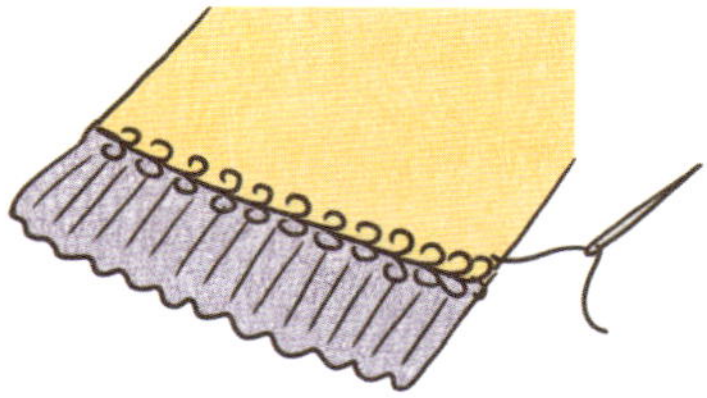

フリンジの上からブレードやリボンをつけると、ゴージャスな雰囲気になります

リボン
返しに
ピッタリ
フリンジが
揺れて美しい
後ろ姿に

誰でも浴衣マイスター

浴衣のお手入れと畳み方

浴衣は家で洗えます。洗う前に
汚れやすい衿、袖元、裾をチェックし
汚れていたら先に部分洗いをしてから
畳んで洗濯ネットに入れて
洗濯機の脱水時間が短い
「おしゃれ着洗いモード」で洗います
干す時にきちんとシワを伸ばすと
水分の重みで伸びるので、アイロンいらず
時間がない場合は、シーズンの終わりに
クリーニングでも大丈夫です

ピシーッ!

浴衣の畳み方

1.
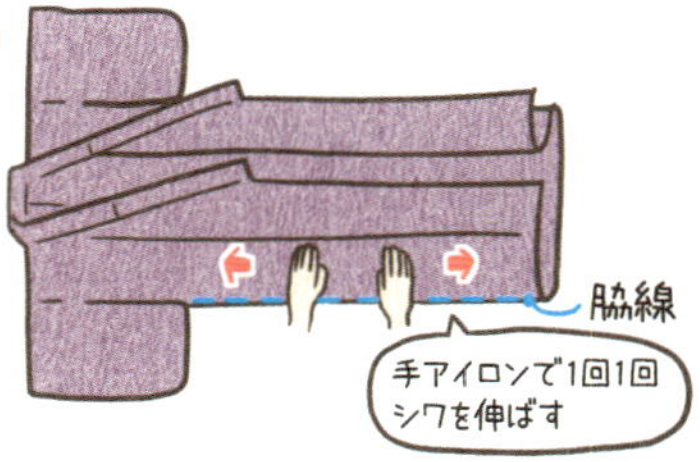
脇線
手アイロンで1回1回
シワを伸ばす

衿を左に、裾を右にして広げ
手前の脇線で折ります

2.
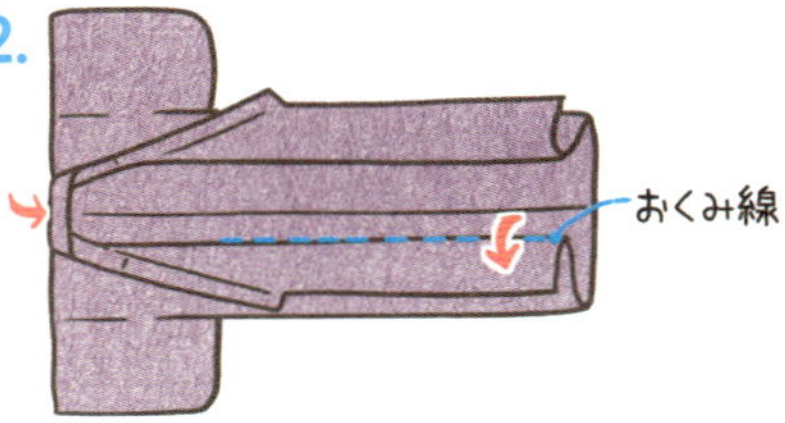
おくみ線

おくみ線を手前に折り返し、衿は内側に折り込みます

3.
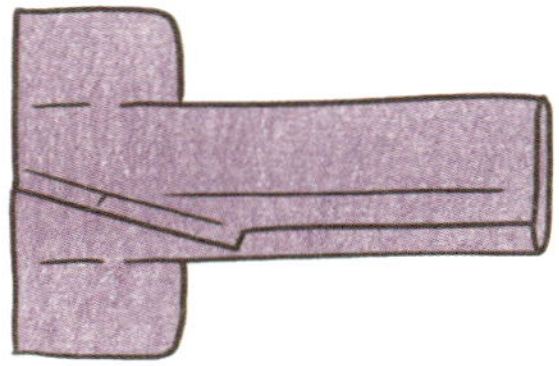

向こう側の端を持ち、手前の裾から衿に重ねます

4.
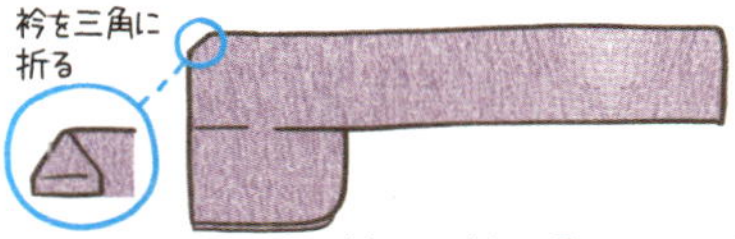
衿を三角に
折る

向こう側の脇線を持ち手前の脇線に重ね、そのまま
両袖も重ねます。衿は内側に三角に折り込みます

5.
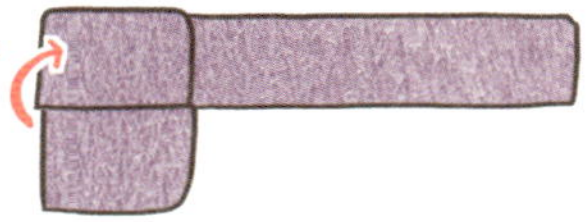

上側の袖を身ごろ側に折り返します

6.
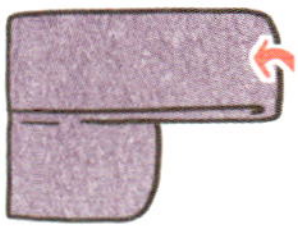

身ごろを二つ折りに。収納スペースにあわせて
三つ折りにしてもいいです

7.
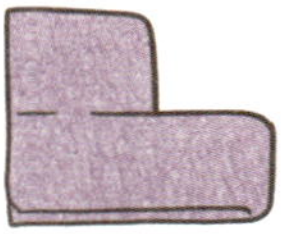

肩山と裾をもって壊さないように、裏に返します

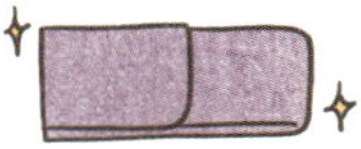

もう片方の袖を折り返して出来上がり

バロンの瞳は
エメラルドグリーンと
深い海の色が混ざったような
不思議な色

バロンの瞳と同じ色合いの
ヴィンテージガラスの
指輪をみつけた！

これでリンクコーデができる♪
（ねこバカ爆走中）

nichinichiさんの
スワロフスキー
ヴィンテージの指輪

KIMONO
BANCHO
E-R

絵本の世界へ ピーターラビット展

友人に誘われ
ピーターラビット展に行くことに

ピーターラビット展
面白いよ！
だって、ピーターの父は
ミートパイよ！

↓公式の家系図

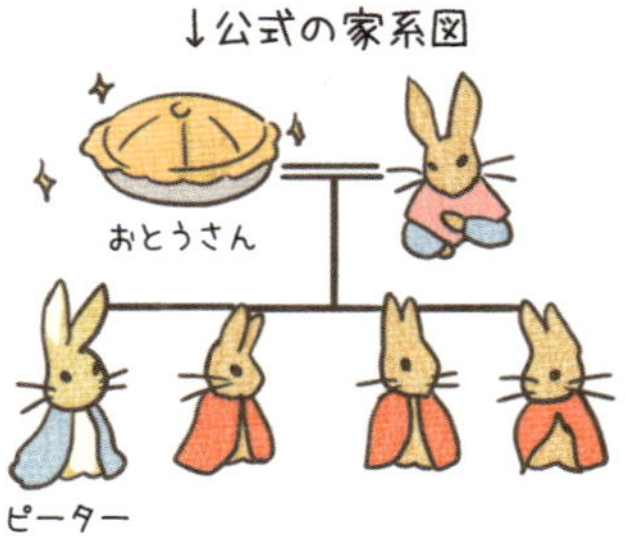

ファンシーな世界と
思ったらハードな設定！
流石、英国…行くわ

プレゼン能力の高いPさん

ピーターラビットに
縁のなかった私…

行く前に早速
ピーターラビットの
絵本を全部読む
シリーズが、24冊も出ている！

鼠、怖い！ がんばれ！ トム！

元ネタものってる
マザーグースも
合わせて読んだら
より楽しめた♪

↑「ひげのサムエルのおはなし」は
子猫のトムが鼠たちに「ねこまきだんご」にされて
食べられそうになる話とか、他のシリーズも面白い

ピーターラビット展へ

原画は小さくて
とても愛らしい！

デッサン画も緻密で素晴らしかった！

会場の外に
マグレガーさんの畑のシーンが
再現されてるのがよかった！

ピーターの青い服…

秋の森コーデ

今回の展示は、秋だったので
ピーターたちの住んでる森をイメージした

半衿は
「りすのナトキンの
おはなし」に
合わせてリス柄
ペタコさんの刺繍

着物とバッグは
森の木の実を
イメージ

帯留めはピーターを
イメージしてうさぎ！

偶然、英国国旗柄の
リボン！

帯の後ろ

帯は森にいそうな小鳥柄に

丈を短めに着付けて
英国をイメージした
レースアップの
ショートブーツ

振り袖の思い出

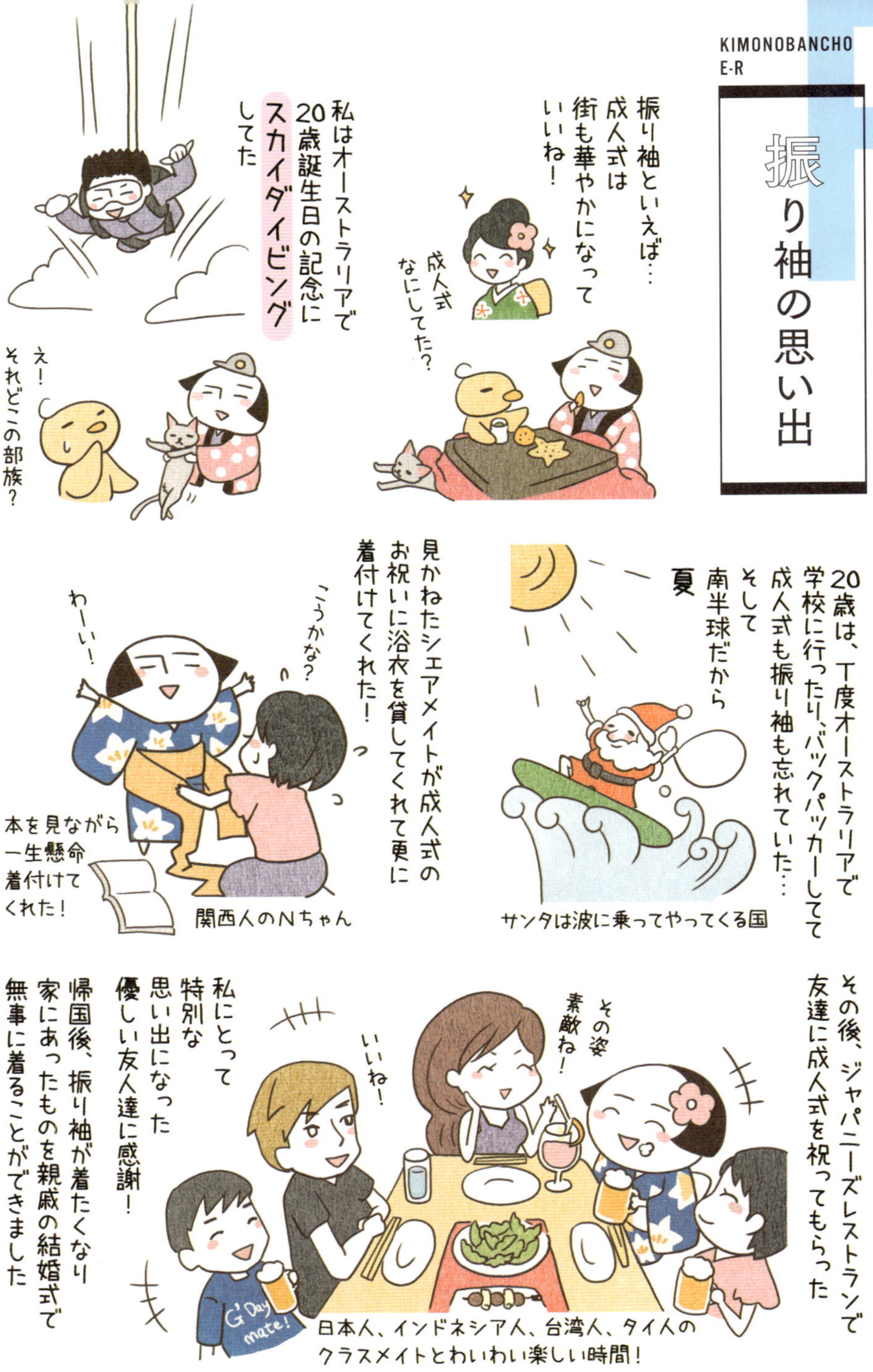
振り袖といえば…成人式は街も華やかになっていいね！

成人式なにしてた？

私はオーストラリアで20歳誕生日の記念にスカイダイビングしてた
え！それどこの部族？

20歳は、丁度オーストラリアで学校に行ったり、バックパッカーしてて成人式も振り袖も忘れていた…

そして南半球だから夏
サンタは波に乗ってやってくる国
見かねたシェアメイトが成人式のお祝いに浴衣を貸してくれて更に着付けてくれた！

こうかな？

わーい！

本を見ながら一生懸命着付けてくれた！

関西人のNちゃん
その後、ジャパニーズレストランで友達に成人式を祝ってもらった
その姿素敵ね！

いいね！

G'Day mate!

日本人、インドネシア人、台湾人、タイ人のクラスメイトとわいわい楽しい時間！

私にとって特別な思い出になった優しい友人達に感謝！

帰国後、振り袖が着たくなり家にあったものを親戚の結婚式で無事に着ることができました

振り袖のコーデ

親戚の結婚式で
ヘアメイクも
着付けもお願いした

ボリュームのある
絞りの帯揚げ

振り袖は
緑と黒のぼかし

それに合わせて
草履、バッグも
緑の同系色

赤の差し色を
帯締め、帯揚げ
髪飾りに

帯は着物の黒に
合わせて黒に

帯結びは「ふくら雀」

由来は羽の中に
空気を入れて
暖かくしてる雀！

豊かさを表す縁起物

私も緑色が好きだけど
後に、着物にハマり
母、祖母の
着物をみると
二人共緑色が
好きなことが
判明した！

芸者姿に変身！
伊東温泉旅

キリッ

芸者姿になりたい人ー
なるー
企画者のAちゃん

伊東の東海館の「お座敷文化大學」に入学して芸者姿体験！

東海館
伊東温泉
お座敷文化大學

東海館はテルマエ・ロマエ4巻の舞台になった場所

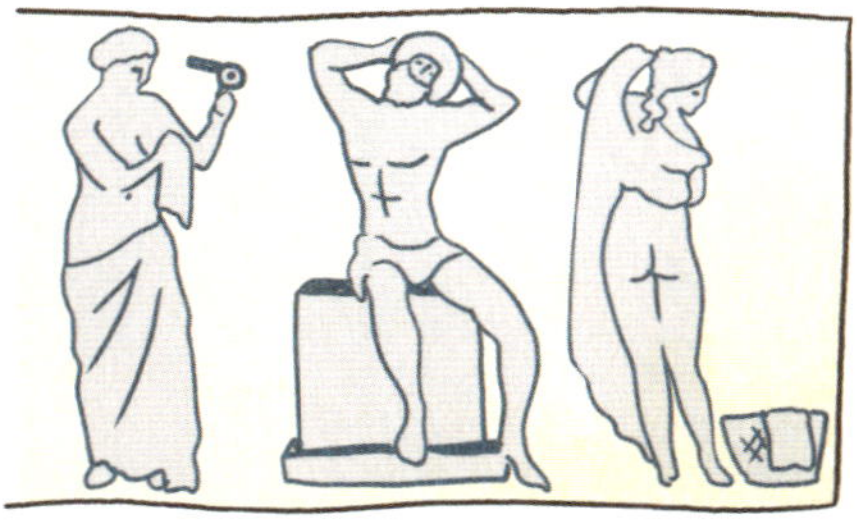
テルマエ・ロマエの手ぬぐい持参しました

前泊で、隣にある国の登録有形文化財の純和風ホステル！ケイズハウスへ♪

築100年の日本建築
玄関は立派な唐破風造り銅板葺きの屋根
2,950円からとリーズナブル

照明がレトロで可愛かったり

趣のある建築ラブ！

何を着ていく？
連想ゲームで決めていく！
古い旅館
横溝正史
江戸川乱歩の小説にでてきそう
初代の金田一の映画好き
しっとり妖しげなコーデ
髪型は耳隠し
目の下に泣きぼくろを入れるとより悲しげに
半衿は、刺繍でクラシカルに
ぼかしの紫の着物と黒の帯の組み合わせで妖しげに
帯留めはちょっとひねって
小物で妖しさと遊び心を！
押絵作家さんが作ったブローチを帯留めへ
他力
本願
アナタマカーセ
江戸川乱歩の「押絵と旅する男」みたい
帯の後ろ
帯はバラ少し毒のあるタッチ
毒ありも好き

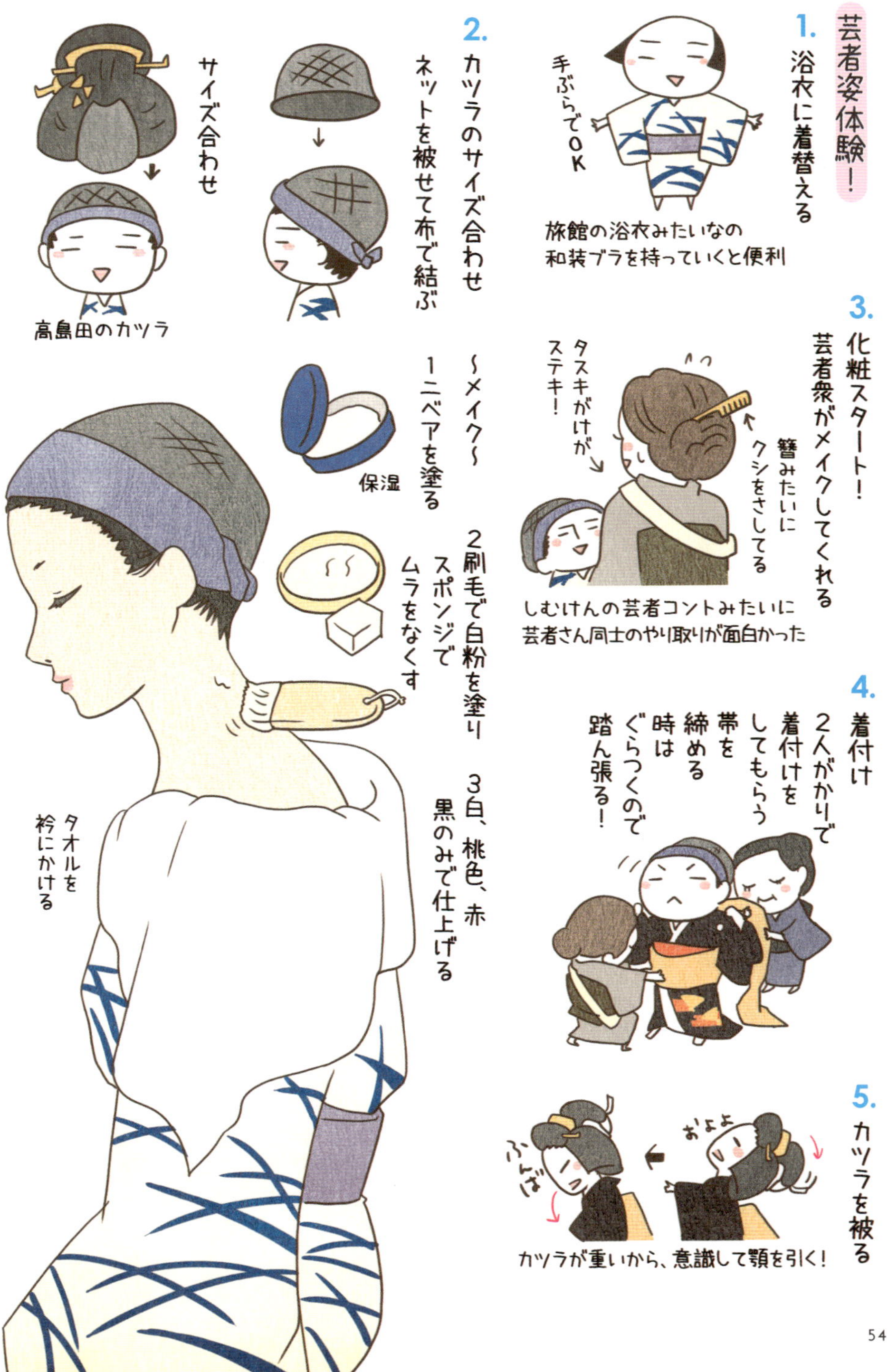
芸者姿体験！
1. 浴衣に着替える
手ぶらでOK
旅館の浴衣みたいなの
和装ブラを持っていくと便利
2. カツラのサイズ合わせ
ネットを被せて布で結ぶ
サイズ合わせ
高島田のカツラ
3. 化粧スタート！
芸者衆がメイクしてくれる
簪みたいにクシをさしてる
タスキがけがステキ！
しむけんの芸者コントみたいに
芸者さん同士のやり取りが面白かった
～メイク～
1 ニベアを塗る
保湿
2 刷毛で白粉を塗り
スポンジでムラをなくす
3 白、桃色、赤
黒のみで仕上げる
タオルを衿にかける
4. 着付け
2人がかりで着付けをしてもらう
帯を締める時はぐらつくので踏ん張る！
5. カツラを被る
およよ
ふんば
カツラが重いから、意識して顎を引く！

6. 記念写真撮影!

7. 温泉へ

撮影後、東海館の温泉でメイクを落としてさっぱり!

源泉かけ流しだから体がホカホカ!

8. お茶・お菓子

和菓子とお抹茶のサービス付き

源氏名と唇マークを記念に登録できる

儚くも美味しい秋

どこからか金木犀の香りがしたり

強い甘い香りが
家にも入ってきて幸せ

お店に栗や芋のお菓子が
出てくると
夏も終わり
秋の気配が
します

小布施堂の栗鹿ノ子が
無性に食べたくなる…

気候も過ごしやすく
オシャレが楽しめる季節
秋のメジャーなモチーフといえば
菊、紅葉、銀杏、落ち葉、きのこなど

メイクも秋色に
ネイルやリップも
こっくりとした赤を
買い足すのも楽しい

ぶどう柄の
着物

全体を
同系色の
紫で上品に
まとめて

帯締めの
ピスタチオカラーを
ポイントにする

小物類も衣替え

落ち葉のヘッドドレス

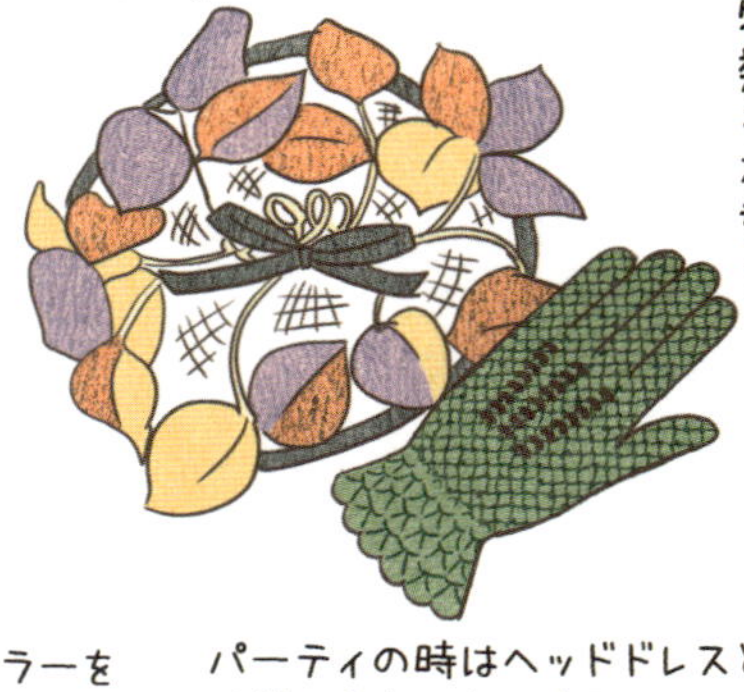

パーティの時はヘッドドレスと
手袋を合わせたりする

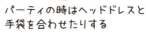

菊と紅葉の秋コーデ

秋になったらつける
菊の簪
半衿も
菊
10年以上
使ってる
帯揚げは紫で
着物の色と
なじませる
帯締めは帯を引き
立てる様に
帯地と同色の紫系
帯はグラデーションの
生地に刺繍がしてある
アンティーク
ブローチを帯留めに
私には珍しい菊と紅葉の
大胆な古典柄
「ザ・秋のアンティークの着物」
紫とオレンジの
鮮やかなグラデーションが
お気に入り
ぼかし
好き！
稲穂と雀のモチーフ
ゴールドは温かみを感じる
色なので秋になるとよく使う

生け花を愛でるお能へ

2018年1月
横浜能楽堂企画公演
能の花　能を彩る花　第3回「牡丹」へ
池坊555年の記念のコラボ

本舞台は、明治8年に旧加賀藩主邸に建てられ
その後大正8年に旧高松藩主邸に移築された
「染井能舞台」を復原したもの

演目は
「石橋　大獅子」
正月らしいめでたい
吉祥の象徴の
獅子と牡丹の組み合わせ

ラストの獅子の躍動感あふれる舞が美しい
お能は観ていると自分がどの次元にいるかわからなくなる

舞台前方に美しい牡丹のいけばな
流石、花王の風格!

公演後、和菓子を頂きました
「犬」の型押し懐紙の上に
「竹」のオリジナルの生落雁

金沢の老舗
和菓子屋・諸江屋の生落雁

竹+犬=笑
⇐
笑門来福
つまり…
笑う門には福来《きた》る

この生落雁が
上品な味で
美味しい!

牡丹と獅子コーデ

後ろの席の方に
配慮して
ヘアスタイルは
キリリとコンパクトに

演目に合わせて
着物も帯も牡丹尽くし！

紅白の獅子に合わせて
全体を赤と白でまとめた

後ろの方の視界を
遮らないように
深く座れる
平面なお太鼓結び

会場の
エレガントな
雰囲気に
合わせて
ちょっと
よそ行きの着物

そして獅子に合わせ
ライオンの帯留め！

ラルフローレンの
ブローチを帯留めに

牡丹の帯の後ろ

この帯、気づけば
15年以上使ってる
白地の帯使いやすい…

白い足袋で
スッキリと

下駄だと
音が響く場合が
あるので草履

KIMONOBANCHO
E-R

女優と着物 山田五十鈴様

芸一筋に生きた
日本を代表する
名女優
ニックネームはベルさん
演技も所作も美しく
芸に対する姿勢も
素晴らしい

流れる (1956年)

置屋の女将役。帯を結ぶ為に
帯締めを口にくわえる
ただ着替えるシーンなのに
所作がとても色っぽく
印象的

帯を結ぶだけで
この美しさ！

鶴八鶴次郎

（1938年）

幼少から三味線を習っていたので全て自分で弾いている。キリリと美しい

蜘蛛巣城

（1959年）

「マクベス」を元に作った黒澤映画
汚れてない手を「血がとれぬ！」と洗い続ける鬼気迫るシーンがゾクゾクします！

他、悪女役でオススメは「どん底」「用心棒」そして「疑惑」

新・必殺仕事人

（1981〜85年）

仕事人の元締の「おりく」役
子供の頃、三味線で悪役をカッコよく倒す姿に惚れ惚れとしたものでした

必殺ごっこして遊んでたー

少し乱れたおぐしも色っぽく美しい

衣替えのタイミング考察

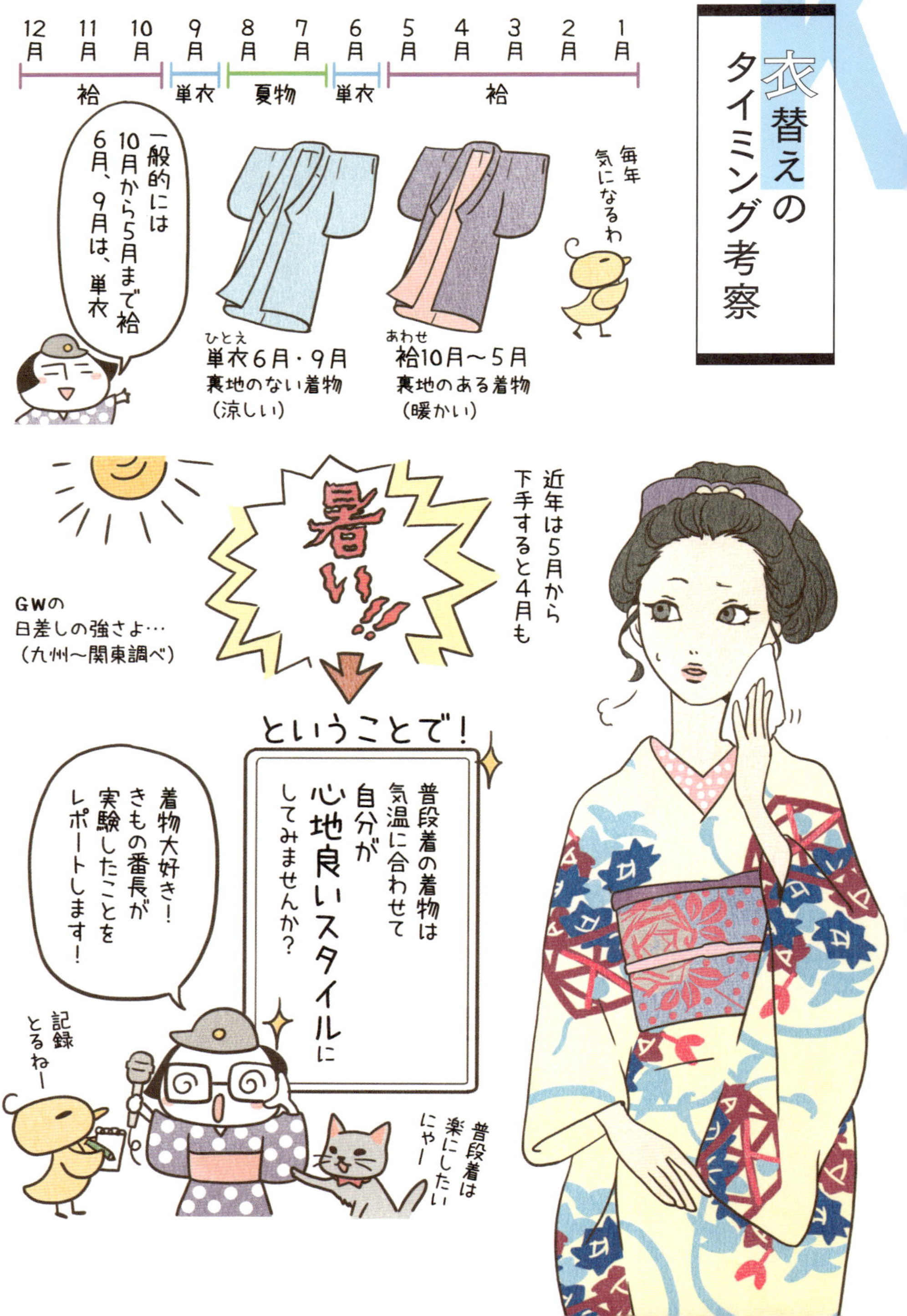

場所 東京
実験する人
冷え性
寒さにも
暑さにも弱い…
らんらん
大丈夫？
Start!
春 3月下旬
花冷え、安定の袷！
さぶっ
外の花見って
地味に
寒いですよね？
ビュ
袷+コート
4月 日中日差しが強い日
気温は20℃
袷だと
既に暑い！
ジリ…
あれ…？
袷のみ
しかし
簡単に脱げない
だが
朝晩は寒い
ヒュ〜
きもの番長が4月20度以上で
心地良いスタイル
昼は単衣の着物
朝晩など肌寒い時は
道行きコートを着る
そこで!!
春頃の洋服のワンピと
薄めのコートの
組み合わせの
ように
単衣と薄いコートで
体温調節できる
組み合わせにする！
ふふ
単衣
着脱できる物と
組み合わせる！
道行き、マント
羽織
ショールとか！
4月に着る
単衣は
透けない物
季節感のでない
幾何学模様が
オススメ！
バッグには夕方用に
ショールを

初夏 5月

日差しの強い日
単衣でも暑い!

洋服だと
半袖の季節!

こんな日は大体

きもの番長が5月25度以上 心地良いスタイル

インナーも
春から夏仕様にして
涼しくしよーっと♪

5月頃から
浴衣販売が
スタートするので
セオ・アルファや
紅梅などを
単衣の着物の
代わりとして
着るのも
オススメ
汗かく
シーズンなので
洗えて便利!

浴衣を着物風に着る方法

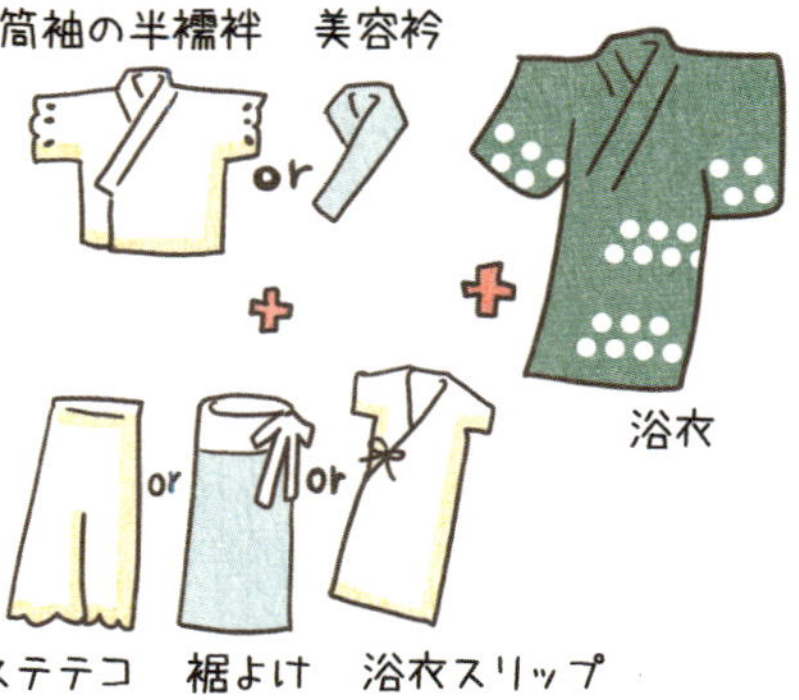

浴衣の下に半襦袢、裾よけをつければOK!

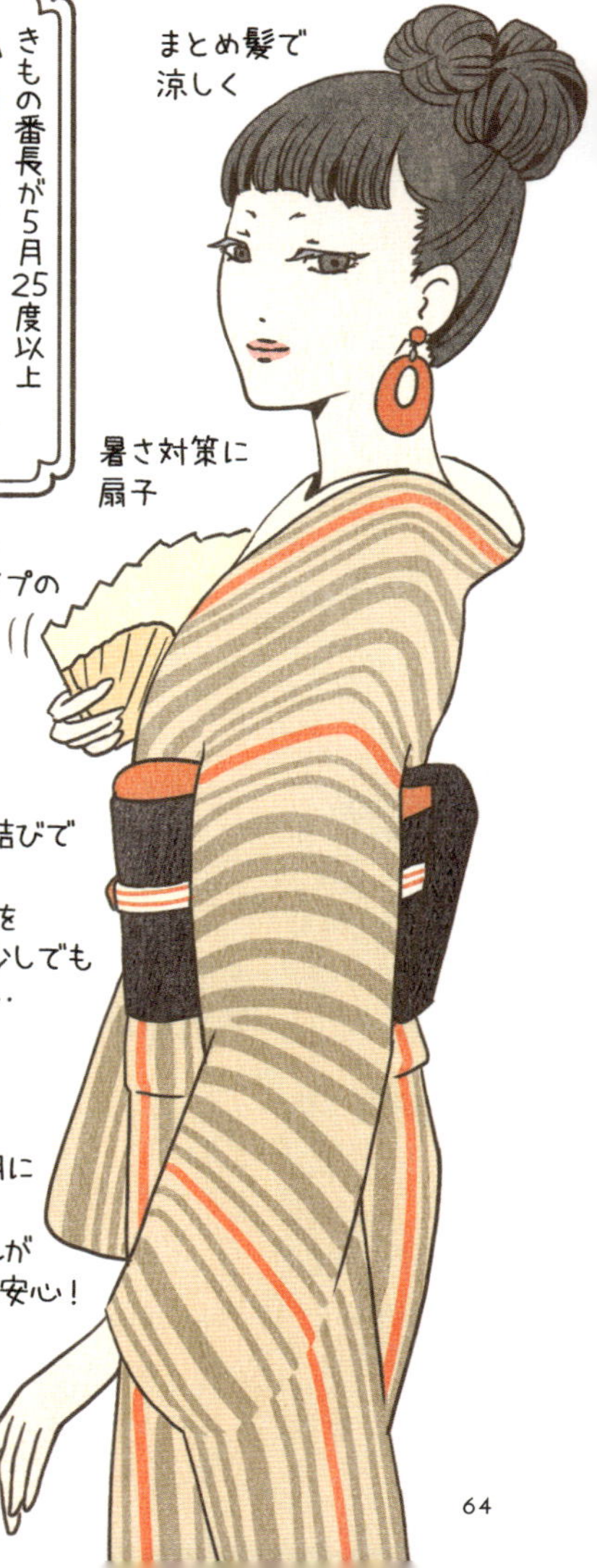

番長の

結果まとめ! 心地良かったスタイル

パンパカパーン!

アウター&その他	インナー	着物	季節
ウールの薄手のコート、ショール	半襦袢&裾よけ Tシャツ&スパッツ	袷	春 3月
薄手のコートや羽織 マント、ショールなど	半襦袢&裾よけ 薄手のTシャツ&スパッツ	単衣 (透けてない)	4月 20度以上
薄手ショール 扇子 日傘等	半襦袢&ロングステテコ 速乾性Tシャツ	単衣 (透け感少なめ)	初夏 5月 25度以上

暦にかぎらず気温で考えて快適着物ライフを試してみてね♪

これは番長の場合ね!

人それぞれ体感は違うから

レイア姫LOVE♡スター・ウォーズコーデ

名作「スター・ウォーズ」にハマったのは意外と遅く大人になってから…

オープニングの曲だけで胸が熱くなる！

4と5も好きだけど
ローグ・ワン大好き！ ツボ過ぎた！

新作観に行くぞ！
着物でコーデできるかな？

先ずは家の中で探すと…
昔買った
ユニクロとのコラボ
ワッペンが！

アイロンでくっつくタイプ
夫と私の分を大人買いした（笑）

お！
あった！ これで
帯留めを作るぞ！

ワッペンで帯留めを作る

1. フェルトにアイロンでくっつける

100均で
買った黒のフェルト

2. 形に沿って切る

3. 裏のフェルトに安全ピンを縫い付けて出来上がり！

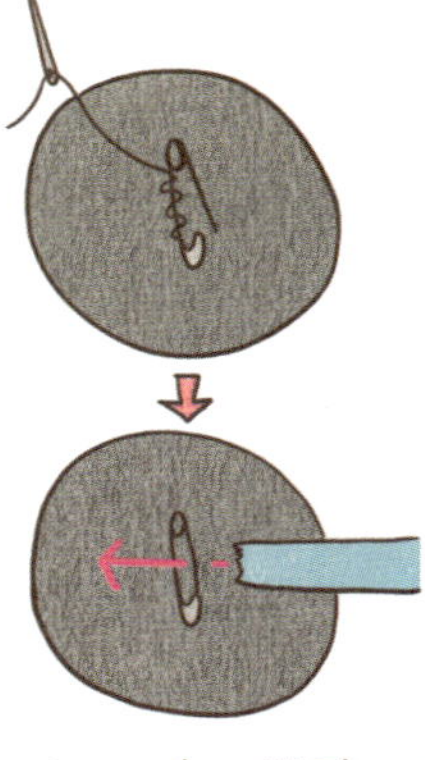

ピンの穴に帯締めを通す

今回は帯留めの他にも
衿の中心の内側と
帯の後ろにもつけた

衿の抜いた所からグランド・マスター・ヨーダが
ちらりとみえる！ 守られてる感じが半端ない（笑）
フォースと共にあらんことを！

スター・ウォーズコーデ

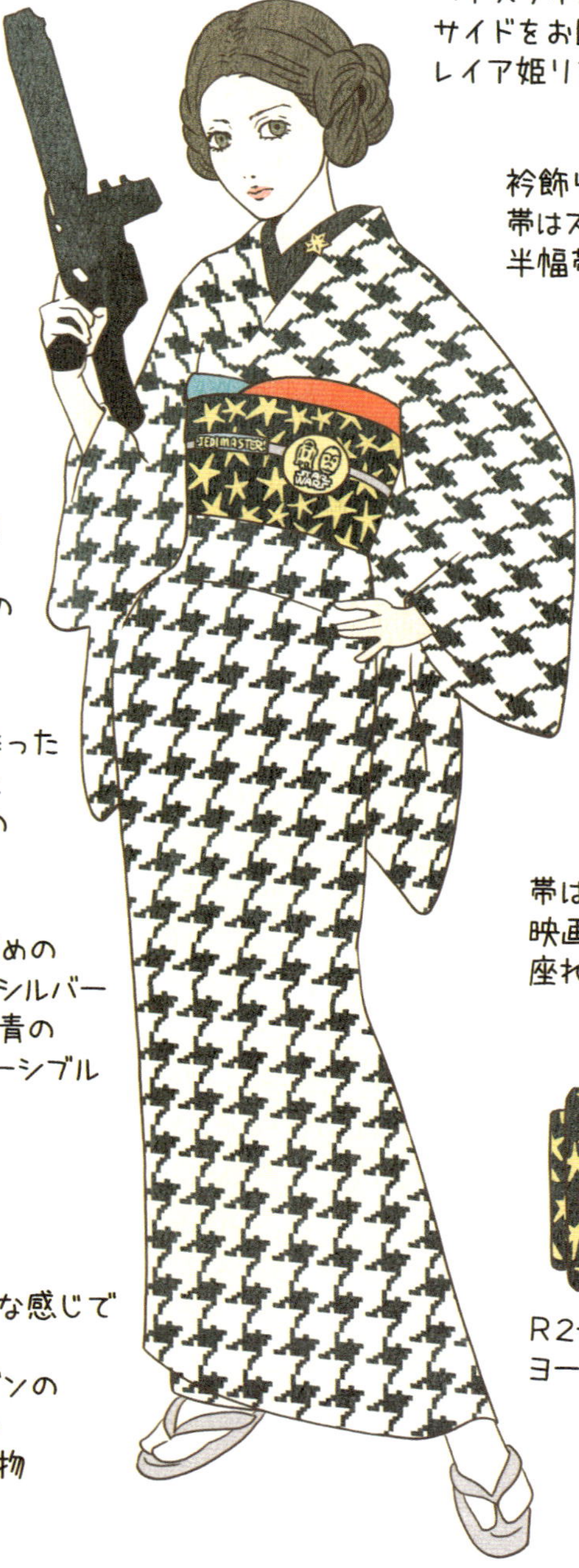

ヘアスタイルは
サイドをお団子で
レイア姫リスペクト

衿飾りのピンと
帯はスターにかけて星柄！
半幅帯はルミロック！

衿の裏に
ヨーダの
ワッペン

戦う女性、大好き！
映画館に銃は
NGだがレイア姫の
このポーズ好き

帯揚げは
ライトセーバーの
青＆赤！
２枚使って
左右違う色にする
方法はP74へ

帯留めは作った
R2-D2と
C-3POの
ワッペン！

帯はカルタ結び
映画館の席で深く
座れるから長時間でも楽

帯締めの
表はシルバー
裏は青の
リバーシブル

帯の後ろ

R2-D2とC-3POと
ヨーダのワッペンをつけた

全体は
スペーシーな感じで
モノトーン
豆千代モダンの
千鳥格子の
ウールの着物

永遠のミューズ 山口小夜子様

モデル、女優
デザイナー
パフォーマー、DJ
インタビュアー
魂の表現者

キッカケは
着物を着始める前
留学から帰国して
新しいヘアスタイルを
探していた

うーん
ピンと
こないなー
どうしよう
流行
天パ

漆黒の髪に
切れ長の目

悶々としてた頃
ファッション通信の
山口小夜子特集を
観た!

美しすぎ!
ジャパニーズ
ビューティー!!

早速
過去の写真集や
エッセイ本を
集める!

小夜子の魅力学。

着物
ブランドの
カレンダーの
着物姿

絶版だったので
ネットで探した!

MY
バイブル
ゴゴゴ

縮毛矯正して黒髪おかっぱに

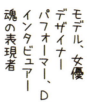

その後、着物にハマリ
映画に出てくる着物の
スケッチをはじめ
小夜子さんの
舞台映像もチェック

昔の映画はビデオテープ
数分しか停止できない

そしてゆめ
山口小夜子がデザイン
コーディネートした
着物ブランド

1989年の
宣伝用写真

母の部屋で探し物を
している時に
偶然
山口小夜子
デザインの
バッグを
見つける！
使ってないから
譲ってもらえた！

物持ちの良い母！ ありがとう！

思いは募るが
知ったのが
遅く
舞台や展示に
行けな
かった…
もっと早く
生まれていれば！
リアルタイムで
見たかった！

そんな思いを秘めた数年後
2015年、東京都現代美術館で

山口小夜子 未来を着る人

が開催！

やったー！
嬉しすぎ！
絶対行く！

山口小夜子は、70年代、西洋人モデルが流行ってる頃に
漆黒の髪に切れ長の目で衝撃デビュー

KENZO
1981
SS Paris
Collection

幼少の頃
うっすらと見た記憶のある
資生堂のポスター！

米国の
ニューズ
ウィーク誌に
「世界の4人の新しいトップモデル」に
選ばれアジア人初のトップモデルへ

展示は写真、映像、衣装など
作品数が多く！
規模が大きい！
担当した舞台の
衣装までが展示
されてた！

オリジナルの
鮮やかさを見て
びっくりした！

こんなに
綺麗な色
だったのかー！

山口小夜子さんをイメージしたコーデ

ワークショップの私のコーデ

ボブのウィッグ

半衿も手袋もレース

半衿は小さな蝶々

帯はバラ柄

小夜子さんのイメージで紫に黒という妖しげなイメージにしてみた!

楽しみにしていたメーキャップ・ワークショップ&トークに参加!

モデルを使って実際に小夜子メイクを披露!

小夜子メイクを完成させたアーティスト、富川栄さん

小夜子メイクのキモ! 切れ長のアイライン!

小夜子さんは意外と目が丸かったそうです

1. 目尻以外のアイラインの幅を太くしない

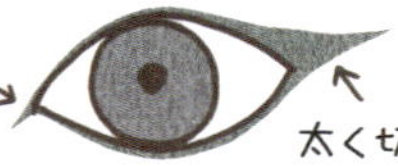

目頭を少し出す

太く切れ長に

2. ビューラーは目尻のみ

全部上げると目が丸くなる

3. 目尻にツケマツゲをつける

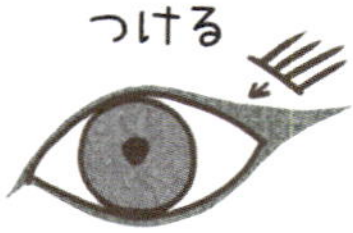

ストレートのツケマ

4. マスカラをして完成!

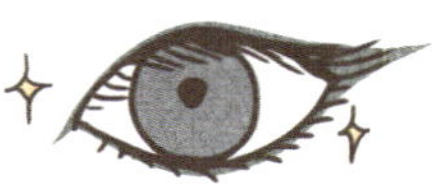

小夜子ウィッグや、資生堂のメイク道具まで自由に使えて楽しかった♪

展示の数ケ月後に観て感動したドキュメンタリー映画「氷の花火 山口小夜子」

とてもオススメです! ブルーレイになって欲しい!

灼熱の夏 夏着物との付き合い方

7月8月は夏着物の季節
夏着物好きなのに…
近年の「猛暑」で数年着れてないことに気づいた！

ギラ
ギラ
着たい！ だが…
熱中症が正直怖い！

アンティークの夏着物は可愛い柄が多い！

そこで、思い切って前倒しで、普段着の夏着物は
6月から 着ることにした！

夏着物でも透け感が少ない絽を選んだ

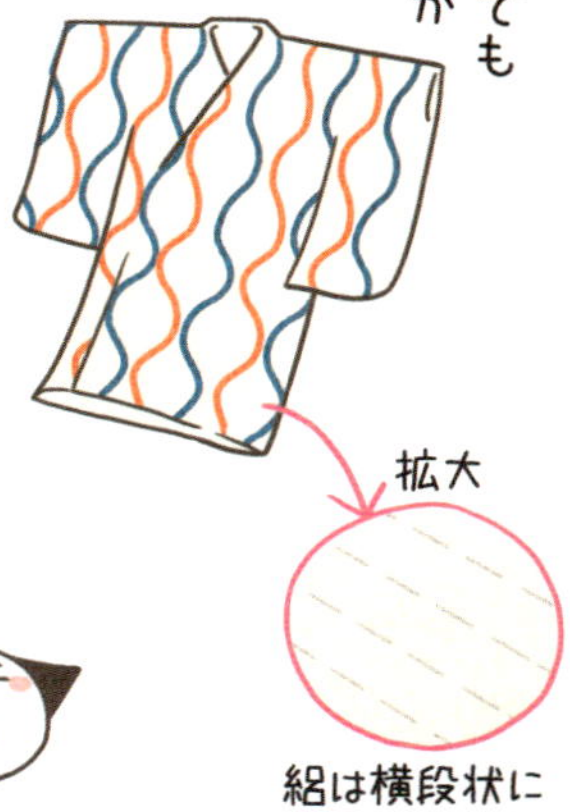
拡大

絽は横段状に隙間がある生地

4月5月は暑いので既に単衣を着てる

数年着てみた結果

東京の6月は大体30℃以下で夏着物でも汗だくになることなく過ごしやすかった

猛暑でタンスの肥やしになってた夏着物が着れるようになった！

夏物
♪

冷え性の私の場合、絹の絽と単衣は体感的に少ししか変わらなかった

6月の夏着物のコーデ

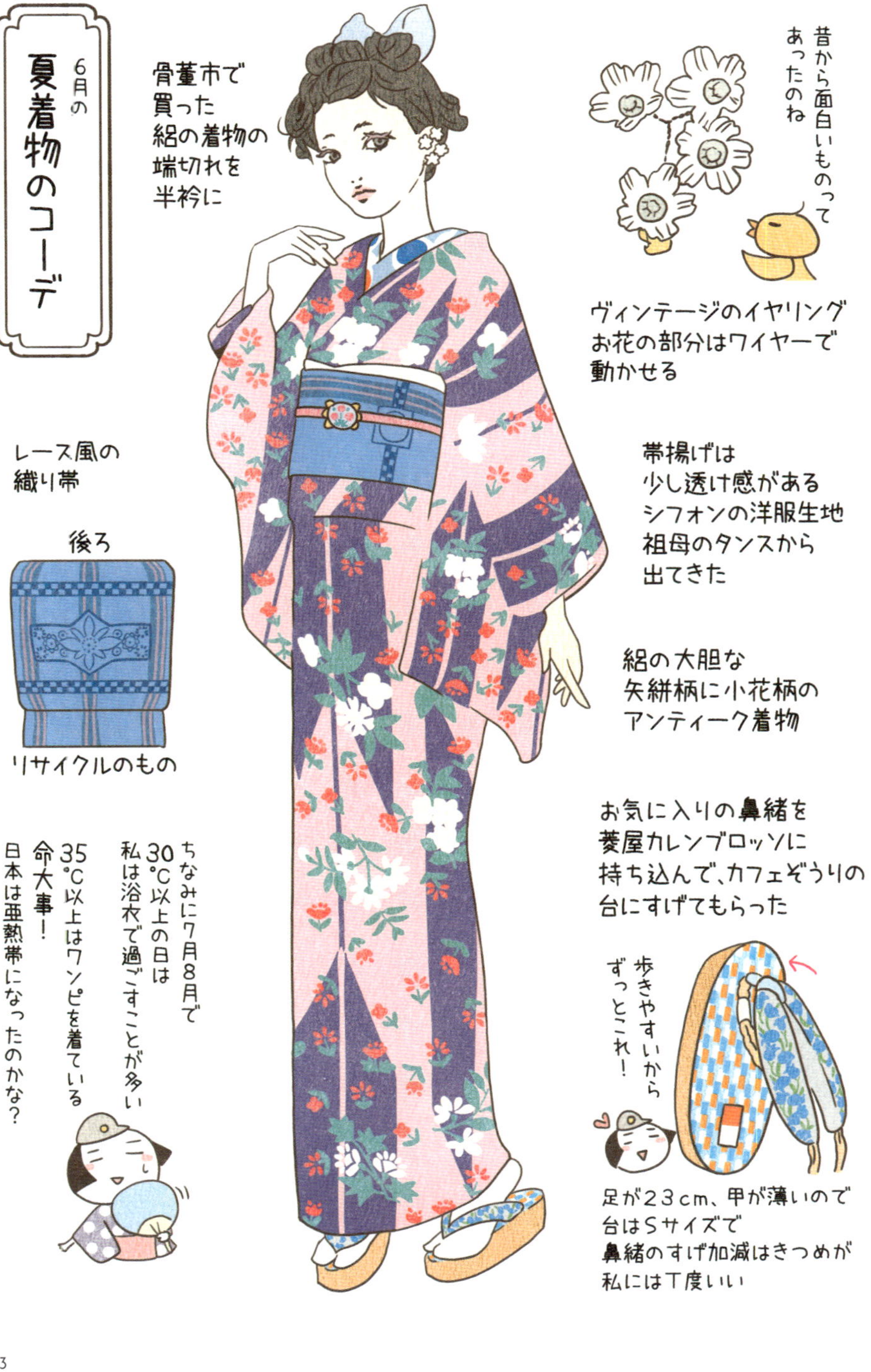
骨董市で買った絽の着物の端切れを半衿に
昔から面白いものってあったのね
ヴィンテージのイヤリング お花の部分はワイヤーで動かせる
レース風の織り帯
後ろ
リサイクルのもの
帯揚げは少し透け感があるシフォンの洋服生地 祖母のタンスから出てきた
絽の大胆な矢絣柄に小花柄のアンティーク着物
ちなみに7月8月で30℃以上の日は私は浴衣で過ごすことが多い
35℃以上はワンピを着ている
命大事！
日本は亜熱帯になったのかな？
お気に入りの鼻緒を菱屋カレンブロッソに持ち込んで、カフェぞうりの台にすげてもらった
歩きやすいからずっとこれ！
足が23cm、甲が薄いので台はSサイズで鼻緒のすげ加減はきつめが私には丁度いい

帯揚げは工夫次第
～片身替わり帯揚げ～

帯揚げの左右の色を変えて片身替わりにしたい…
家にある帯揚げでなんとかしたい…切ると元通りにならないし…
ライトセーバーの赤と青を帯揚げで表現したい
スター・ウォーズのコーデを考えている最中
そうだ！安全ピンを使おう！

JEDI MASTER!
WARS

帯揚げを結ぶ時は強く引っ張らず優しく結ぶ

片身替わりの作り方

1. 2枚の帯揚げを横に半分に折る

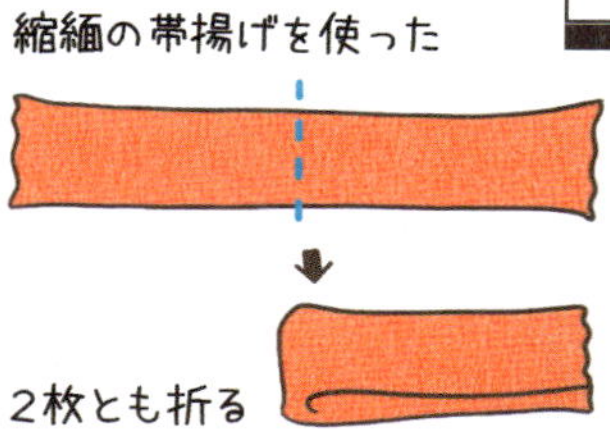
縮緬の帯揚げを使った
2枚とも折る

2. 中央で重ねる

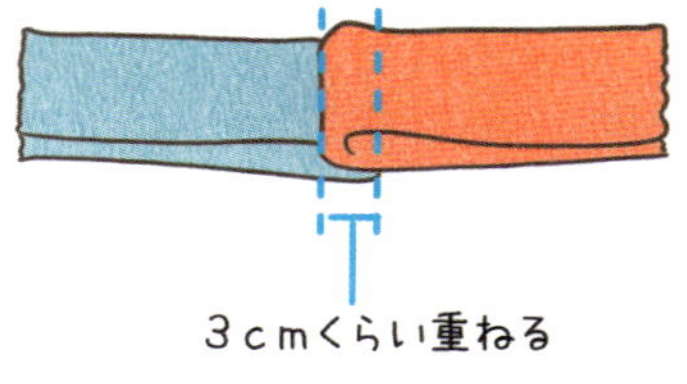
3cmくらい重ねる

3. 安全ピンで留めるだけ

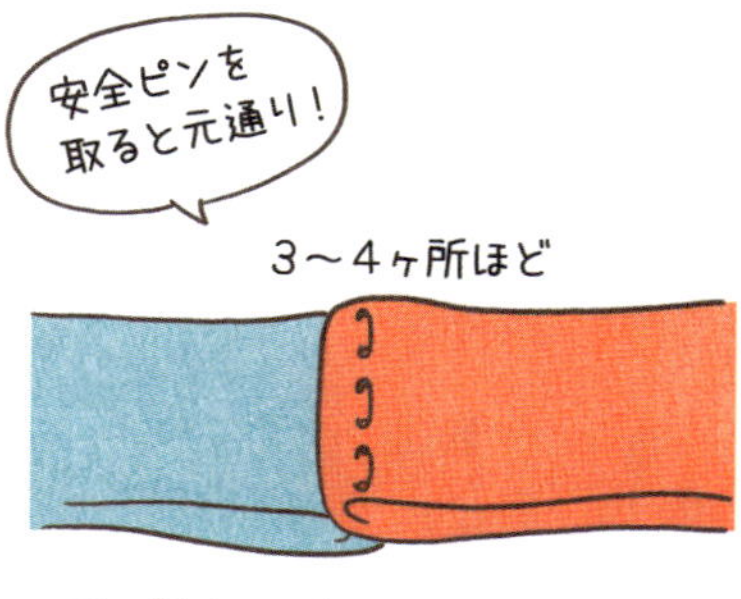
安全ピンを取ると元通り！
3～4ヶ所ほど

※目の詰まった生地は安全ピンの穴が目立つ為向かない

帯揚げは工夫次第
～ふわふわ帯揚げ～

冬のパーティに帯揚げを一工夫
ふわふわの白いマラボーをプラスして
雪のイメージに
簡単に華やかな装いになります

必要なもの
マラボー
胴の幅＋30cmくらい

フェザーで作られていて手芸屋さんで売っている
中心が紐でふわっと軽く帯揚げにつけやすい

クリスマスパーティにもピッタリ
前はふわふわ後ろはスッキリ

つけ方

1. 帯揚げを結んだ後にマラボーの端を帯揚げの脇下に通す 端はそのまま帯の中へ

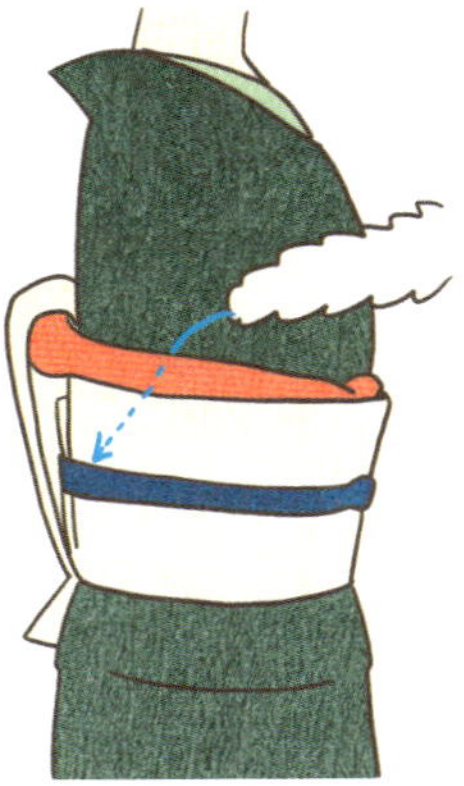

2. マラボーに人差し指を通し脇下まで流し整える

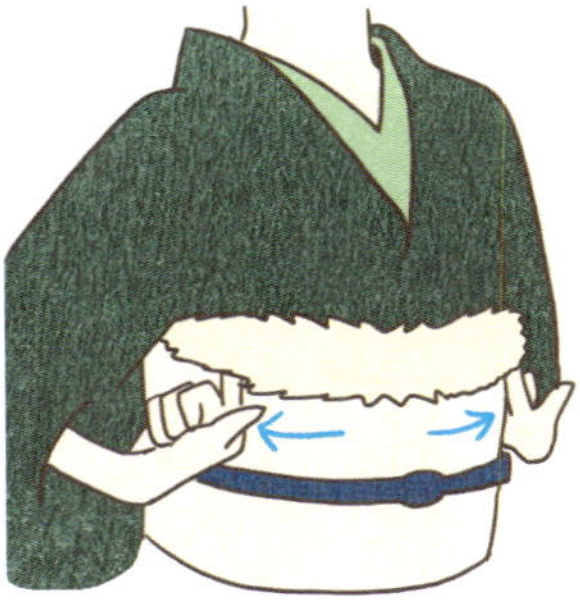

マラボーの始まりをなるべく端にすると袖の下に綺麗に隠れる

パーティへGO!

ご縁があって横浜美術館の
「石内都 肌理《きめ》と写真」の
レセプションパーティへ!
年末の横浜美術館の前は
イルミネーションがロマンチック

建物は建築家丹下健三の設計

場所が横浜ということで
「馬車道駅」にかけて
馬車道の帯留め

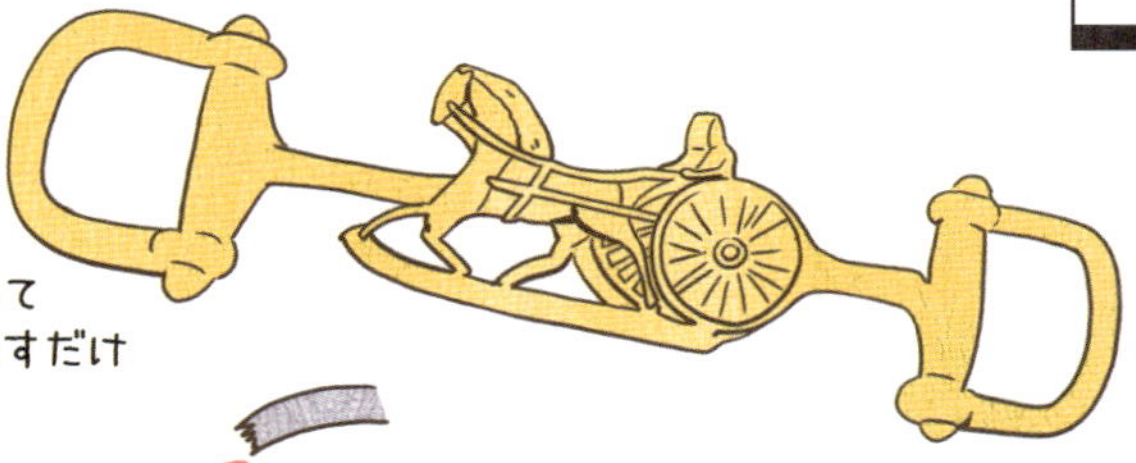

母の若い頃のベルトのバックルを
帯留めに改造した

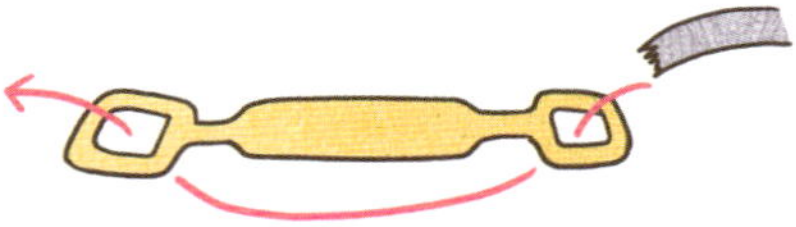

バックルの裏の
出っ張った金具を取って
帯締めをこのように通すだけ

「アート」ということで
アールデコの帯を選んだ

帯の後ろ

羽裏の生地を名古屋帯に
仕立ててもらった

レセプションパーティの会場は
吹き抜けのグランドギャラリー!

石内さんの大きな作品が展示してあり
ダイナミックで美しい空間に!

美術館のパーティ

フランスのヴィンテージの
大きめイヤリング
扇子が逆さまになってる

お酒は弱いが
味は好き

着物の花柄と
似た花の刺繍の半衿

帯揚げは着物と帯を
引き立てる為
着物の柄と同系色の
無地の辛子色

パーティなので
着物は華やかで
大胆なモダン柄

帯締めも
着物と同じカラーの
黄色と紫

冬は防寒グッズが
多いので
大きいエコバッグを
持っていくと
ロッカーやクロークに
預ける時もスムーズ

チョコレートブランド
「VANILLABEANS」と
今回の展示のコラボチョコ

エコバッグは折り畳んで
バッグに入れておく

オリジナルパッケージも
素敵だし勿論
味も美味しかった！

QUICK RESCUE!!

持ってて助かるものたち

着物の時のポーチやカバンの中は？

応急処置に便利

安全ピン

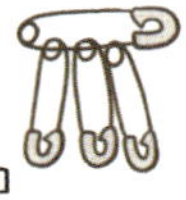

4〜6コ
ステンレス製を
使ってます

小さなハサミ

メイク用も
小さくて
持ち運びが便利

昔の着物は
糸が弱ってる
こともあるので
破けた時に
留める！

しつけ糸を
取り忘れた
時に！

**沢山入る
ポーチ**

にわかポーチ

よくみると
小さなにわか面の
集まり！

おふざけして
ますが
絹の博多織と
本格派！
地元、福岡で作っている
お気に入り！

食事中に活躍

手ぬぐい

手ぬぐいを帯に挟むと
広範囲で着物を
ガードしてくれる
食事以外にも
ショールを忘れた時に
防寒で使ったり
急な雨に頭にかぶせたり
とっても便利！

舞妓さんがスキーしてる
ユニークな柄

その他

化粧直し用品

お薬など・・

スタンランの「黒猫」の缶を
薬入れにしてます

天気や季節で持っていくもの

ロックと着物
椎名林檎様

椎名林檎さんの
ボブ、アングラなホクロ、挑発的な瞳
彼女が奏でる独特な世界観に
酔いしれたのは私だけじゃないはず！
彼女の音楽性や世界観を語るには
2ページでは足りないので
私の好きな着物に注目しました♪
椎名林檎さんは、様々なメディアで
素敵な和装姿をされてますが
印象に残ったものを
ピックアップしました！

ヨロッ…
どれも素敵すぎて悩ましい〜
着物姿が載っている雑誌は今も宝物！

長襦袢

短篇キネマ　百色眼鏡

小説の世界に入り込んだ
ような映像美
主人公と一緒にどちらが
現実なのか空想なのか
分からなくなる
椎名林檎さんは赤地に
白の鶴柄の長襦袢に
紫の帯の妖艶な姿が
とても美しい
最後のシーンの白い
着物に黒紋付羽織姿も
白と黒のコントラストが
素晴らしい！

黒紋付羽織
家紋は「黒猫堂」のシンボルマーク

黒留袖

加爾基 精液 栗ノ花のポスター

真っ白なお遍路姿に琵琶と
ペアになった黒留のギター姿
重厚な帯と、ぽってりとした
丸ぐけの帯締めがピッタリ
凄みと妖艶なヘアメイクが
しびれるかっこよさ

ダークなアイメイク
色味がないリップがこの世ならざるものの雰囲気
黒留とギターの組み合わせが印象的!

真紅の振り袖

NHK紅白歌合戦（2014年）

振り袖にラフなショートの
バランスが絶妙
半衿をたっぷりみせて
帯板なしの着こなしも流石

年末の楽しみ♪

キャットラインのアイメイクはクールな印象
金の刺繍の半衿がめでたい

バロンの首輪と
私の半衿を
同じ水玉に…
着物でも
こっそり
リンクコーデ
同じ首元で
揃えてみた

STUVWXYZ

KIMONO
BANCHO
S-Z

・収納の話・

春は花柄 いよいよ閉まらなく なりゆく引き出し
風流ねー
夏は浴衣 毎年新作が 気になるなり
どこの 清少納言よ！
わ！番長！
どう したの？
着物の片付けが 進まなくて…
ごっちゃり
うわー
着物が いつのまにか 増えて 収納難しい～
ぬぎっ
そしたら今日は 収納の話をしよう
収納スペース
狭い
広い
着物の数
少ない
多い
おっ はじまった！
着物の収納は ライフスタイルに 合わせるといいよ
まずは、箪笥！
部屋のスペースに 余裕がある人向け
きもの番長 着物が好き
ぴよこ 世話好きなひよこ
バロン やんちゃな子猫
さくら 番長の友達

特に着物用の箪笥は引き出しのサイズがぴったりだから使いやすい
引き出しのサイズは着物には丁度良く帯には少しゆとりがある
きもの
上段によそ行きの着物と帯
下段に普段着を入れたり
きもの
浅い
きもの
小物入れ
着物2、3枚だから一番下がシワになりにくい
更に着物と言えば桐箪笥が有名
高温多湿に強い！
お手軽なネット通販から高級な職人製まで色々あります
ほほほー職人製です
King of タンス！
収納力を重視したいならオープンラック！
箪笥と同じ面積でも引き出しがないぶん収納量は上
買いやすいお値段も魅力的！
頻繁に着る普段着だったら取り出しやすさ重視
お店みたい！
ぱっと見てわかる
時々着る良い着物だったら畳紙に入れて重ねる
オープンラックはホコリに弱いから頻繁に着物を着る人向け
畳紙はホコリよけにもなる

オープンラックは日光が当たらない場所に置くのがベスト
窓がある場合は
シャットアウト!
畳紙の窓から着物が焼けることも…
便利
ほぎゃー
畳紙にラベルを貼ると便利です
ワンルームだからスペースがないんだよね
うーん
それなら押入れ収納がオススメ!
私はFitsを使ってる
同じブランドで揃えるとサイズが同じで買い足しも簡単
着物を2~3つ折りにして入れたり
輪は常に手前が見やすい
浅い
よそ行き
更に2つに折って手前と奥に入れたり
普段着
半幅帯は立てて入れると見やすくなります
輪が手前
深い
名古屋帯はそのまま重ねる
プラスチックでしょう?
じとっとね
湿度が気になるんだけど

プラスチックに限らず箪笥でも、湿度対策は大事だよ！下の段は
湿度
低
高
古い畳紙は交換
乾燥剤「きものの友」
下段は乾燥剤を入れたり対策も必要！
後は、虫対策も
着物
帯
モスの襦袢
ウール
防虫剤
特にウールは虫が付きやすいから防虫剤も忘れずに！
普段の湿度対策は
着物を着た後は1晩吊るしてから仕舞う
湿気を飛ばす
長く着ない場合は風を通すために虫干しする！
虫干し
引き出しを開けたままよい扇風機でもよい
着物を着ることが虫干しの代わりにもなるよ
るんるん♪
よし！早速！着物で遊びに行ってくる！
虫干しするぞ！
いつのまに着物に
その前に部屋を片付けなよ！

収納に関するマジメなお話

部屋の全体図

着物のコーディネートがしやすい家具の配置

収納のコツ

1 アイテム分け
2 ラベリング
3 色分け

色分け

色を分けると使いやすい

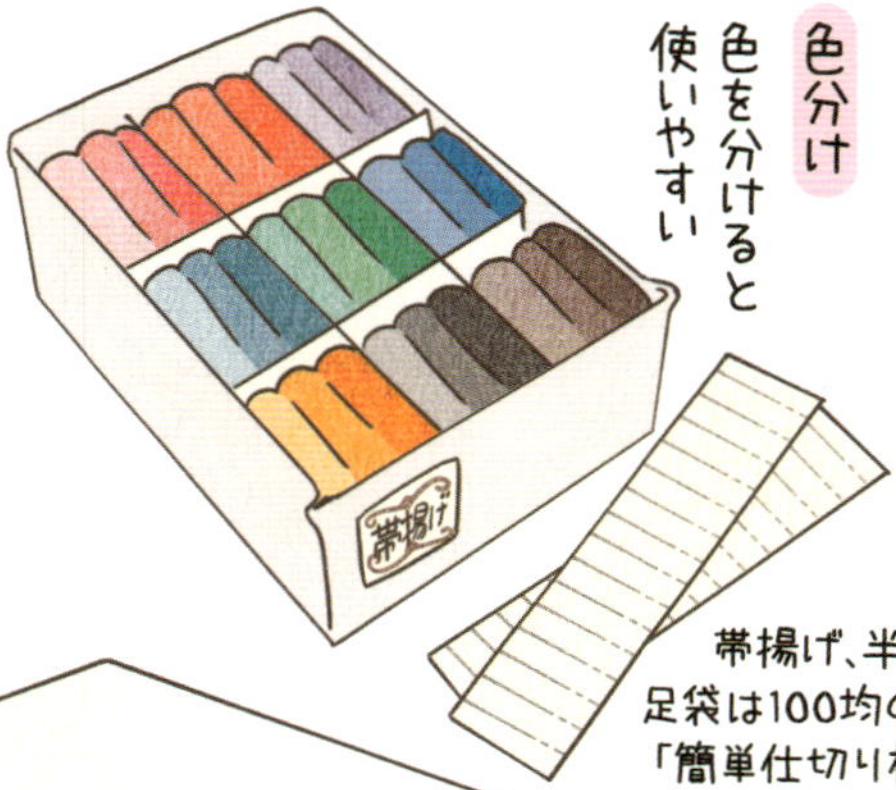

帯揚げ、半衿
足袋は100均の
「簡単仕切り板」を
使ってます

ラベリング

パッと見てわかるように

紙やマスキング
テープを使ってます

アイテム分け

小物は、半衿
帯揚げ、夏物、足袋
帯留め、帯締め
着付け道具に分けて収納

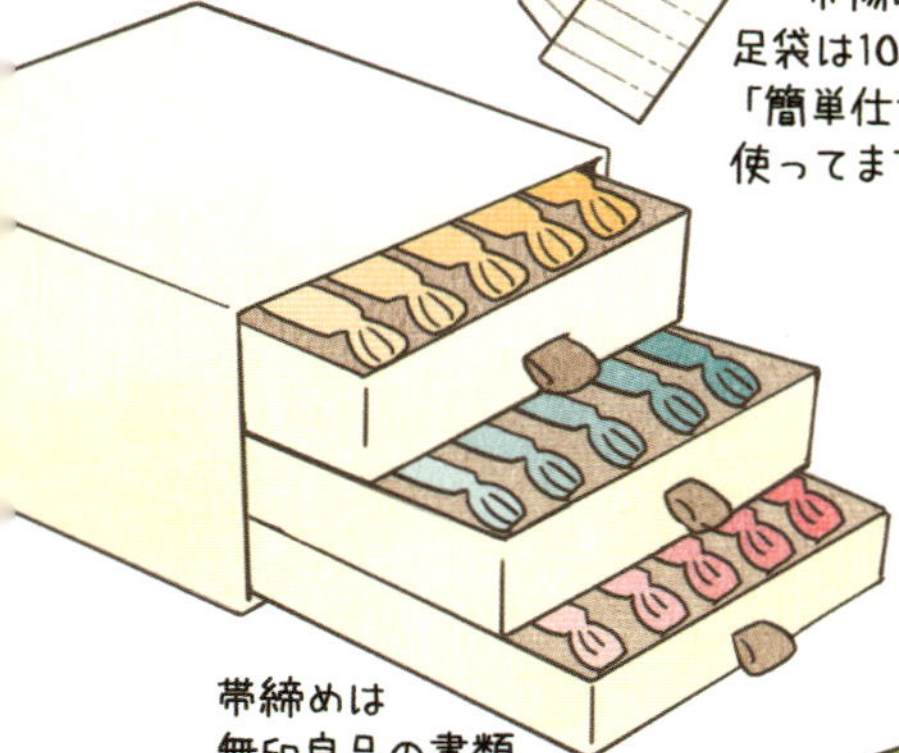

帯締めは
無印良品の書類
収納ケースに色分け

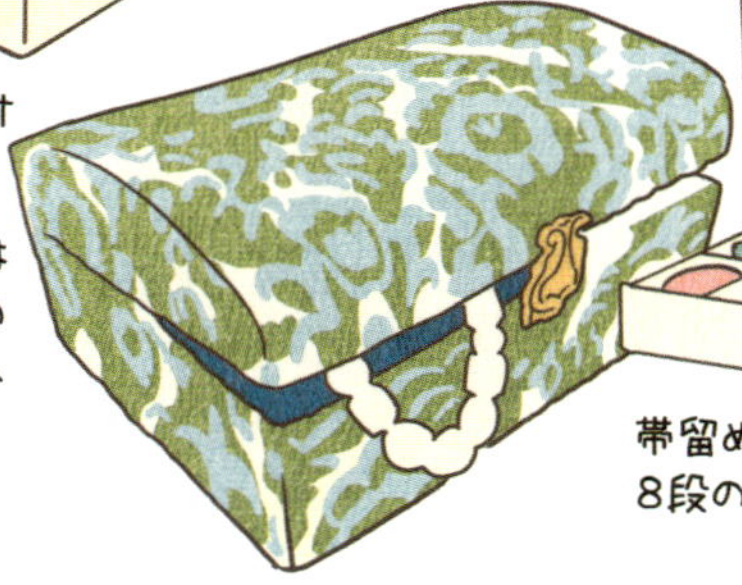

時計やバングルは
昔の資生堂の
ノベルティの箱へ

帯留めは
8段のアクセサリーボックスへ

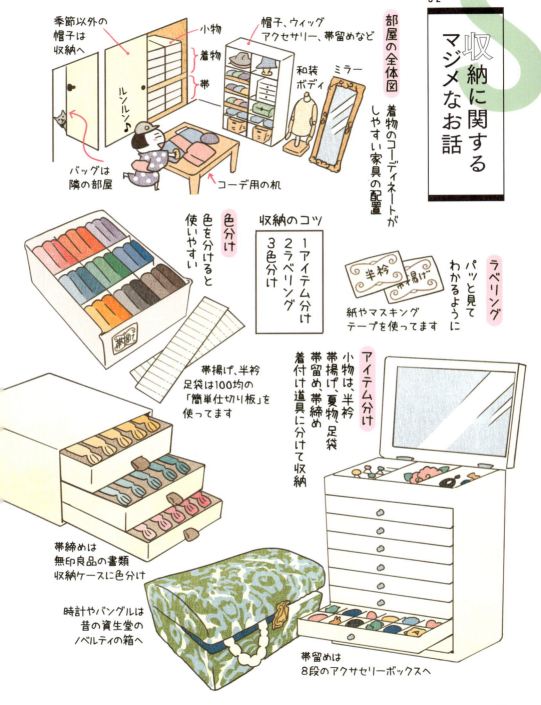

小物が多い 着付け道具もスッキリ

メインの収納ボックス

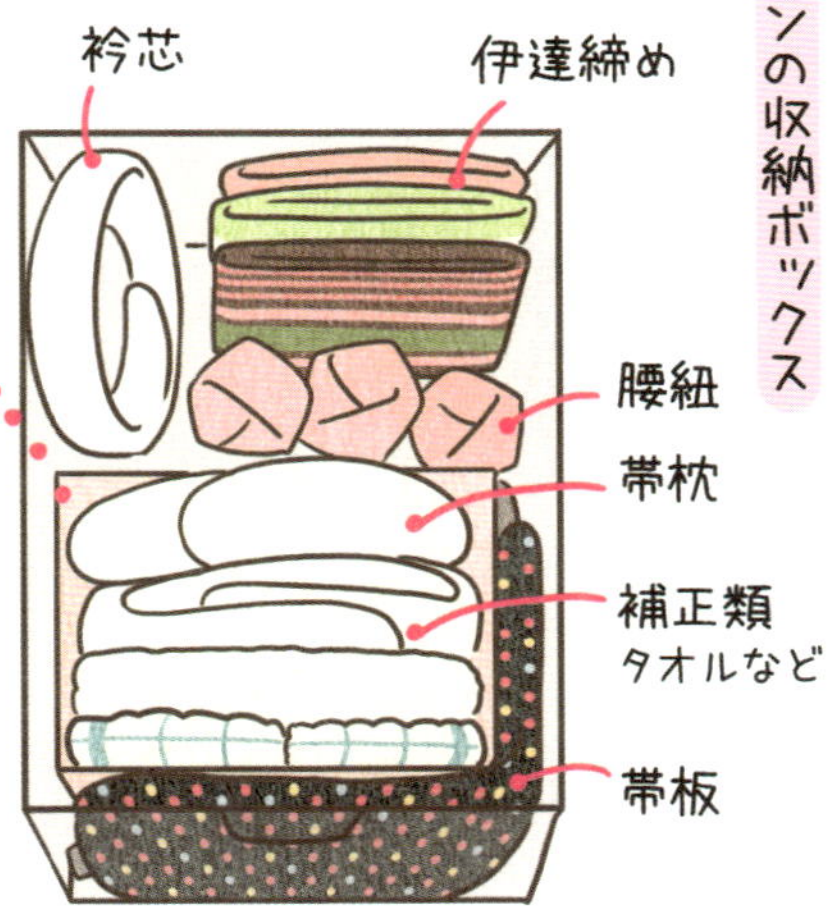

サブの小箱

安全ピン、クリップ類
マスキングテープ、メジャーなど

★お弁当みたいに小さな箱に入れて仕切ってる

絡まりやすい 腰紐をころんと可愛い五角形に

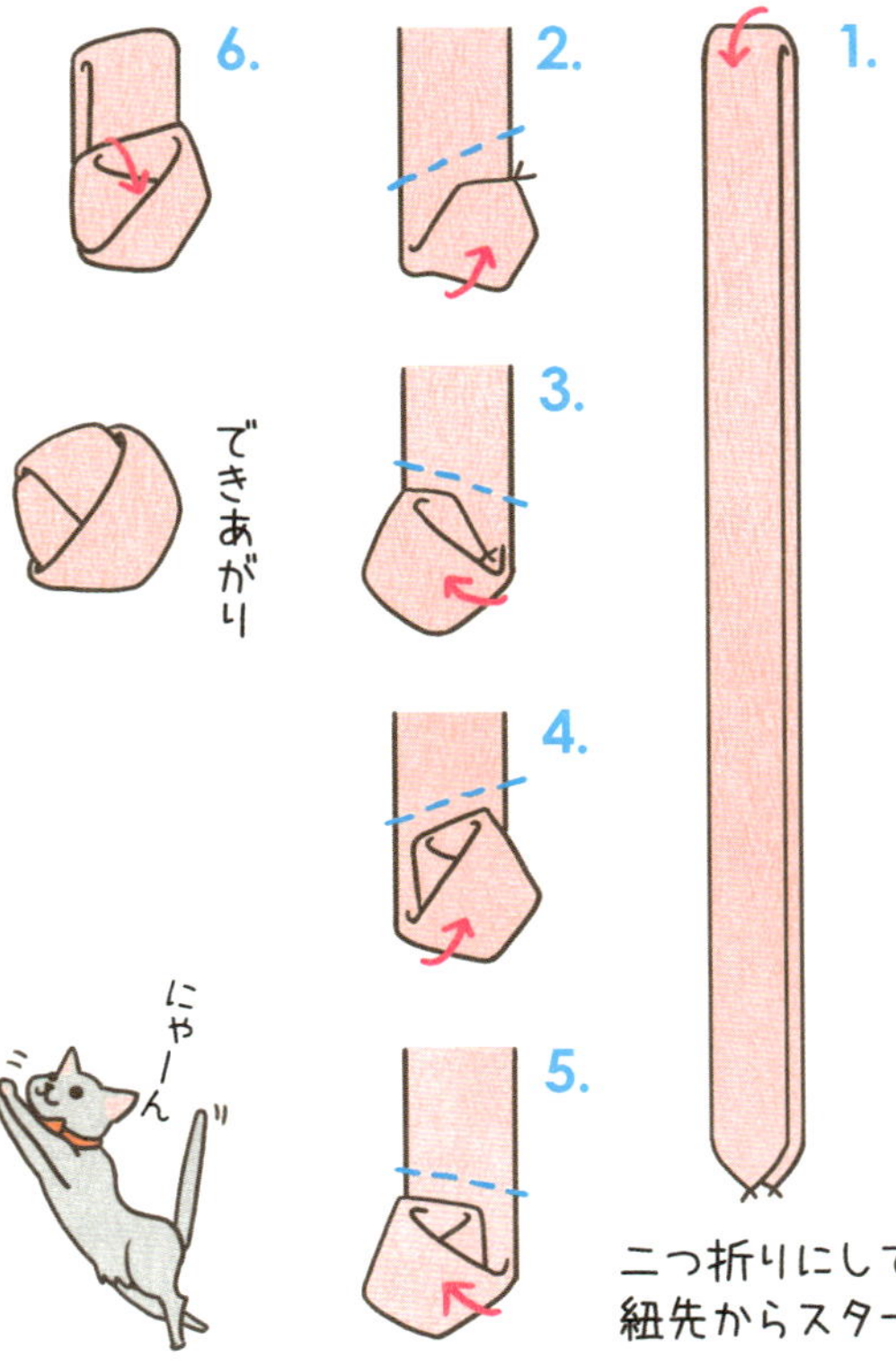

二つ折りにして
紐先からスタート！

シワも伸びるし
着付けの時
端を持って広げると
真ん中なので
使いやすくなる

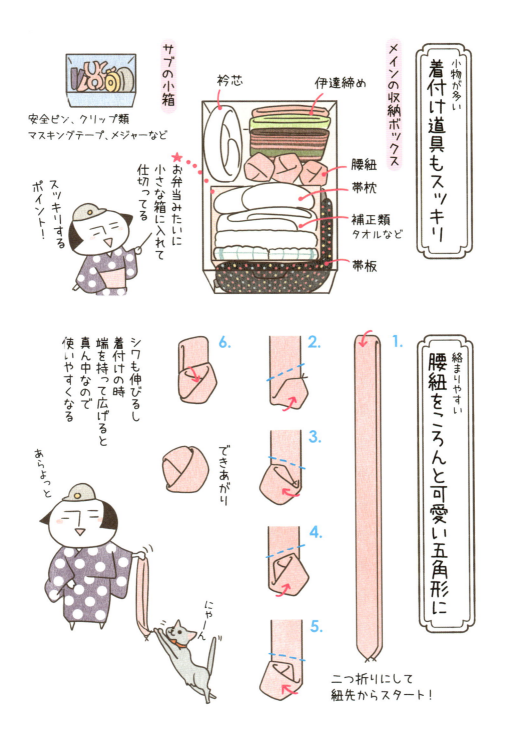

丈は長くても短くても

アンティーク着物や譲り受けたお着物
素敵だけど丈が合わない時はどうするか？
本腰を入れて直したい場合は
和裁士に相談がオススメですが
ここではカジュアルに着たい場合の
お手軽な方法を紹介します

丈が短い場合

対丈で着る

着慣れると簡単だし意外と
気づかれない！

ドヤー
今日
実は対丈なの！
え！
気づかなかった
着物あるある

着付けで工夫する

腰紐の位置を下げる

ウエストあたりから
腰骨の上くらいまで下げる

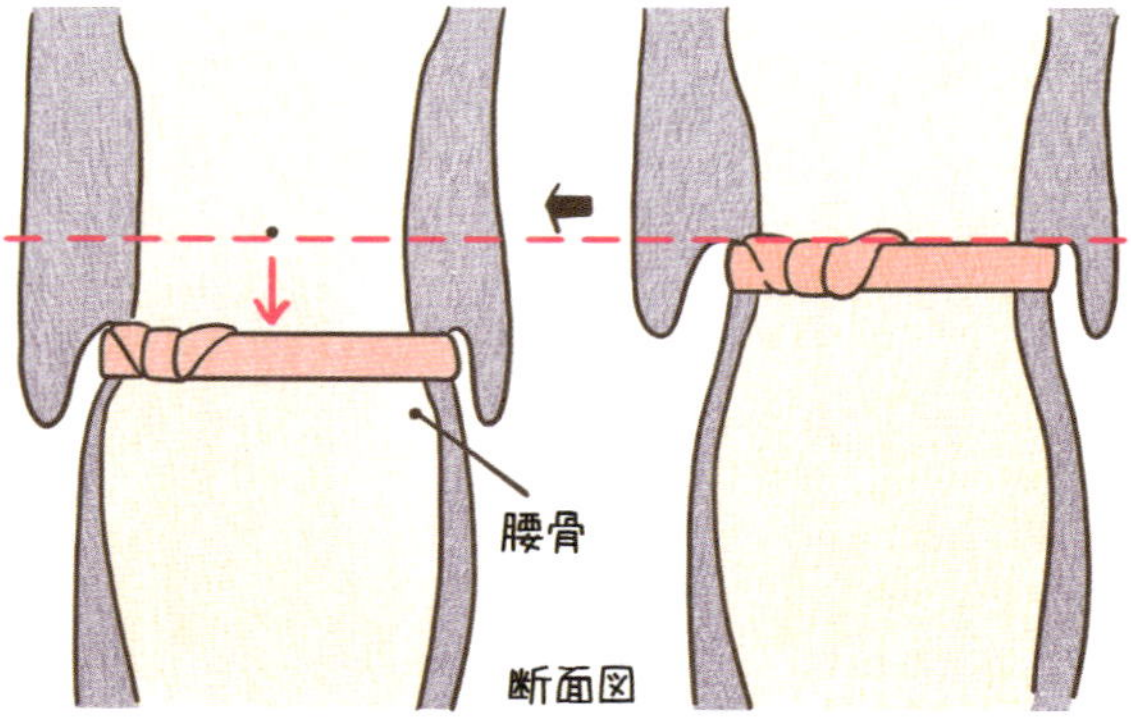
腰骨
断面図

下げた分、おはしょりがでる

腰紐の位置は人それぞれだけど
私はいつも腰骨上くらいが
体が楽に感じる

更に長さを出す場合は！

腰紐を細いゴムに替える

1cm幅の平ゴムを
腰紐と同じように使う

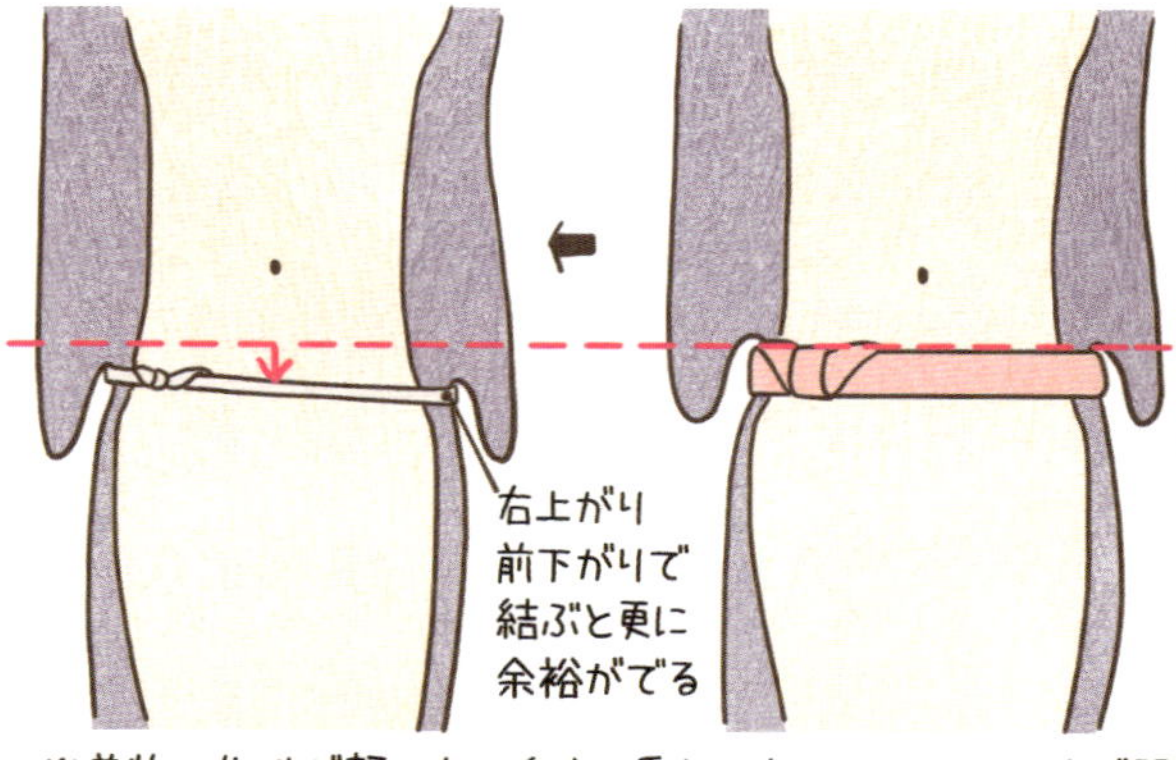
右上がり
前下がりで
結ぶと更に
余裕がでる

腰紐の幅分、おはしょりがでる

ゴムは、パンツのゴムが丁度良い！
身長165cmで10年以上アンティーク着物を
着ているお友達のお墨付き！

※着物の生地が軽いもの向き、重たいものには止める力が弱い

ブーツと合わせて
和洋折衷コーデ

タータンチェックとワークブーツを合わせてパンクコーデ
豆千代モダンの音符の帯
丈が短いと歩きやすいし冬はブーツだと暖かい

コーディネートで工夫する
ブーツや靴と合わせ丈を短めに着付ける

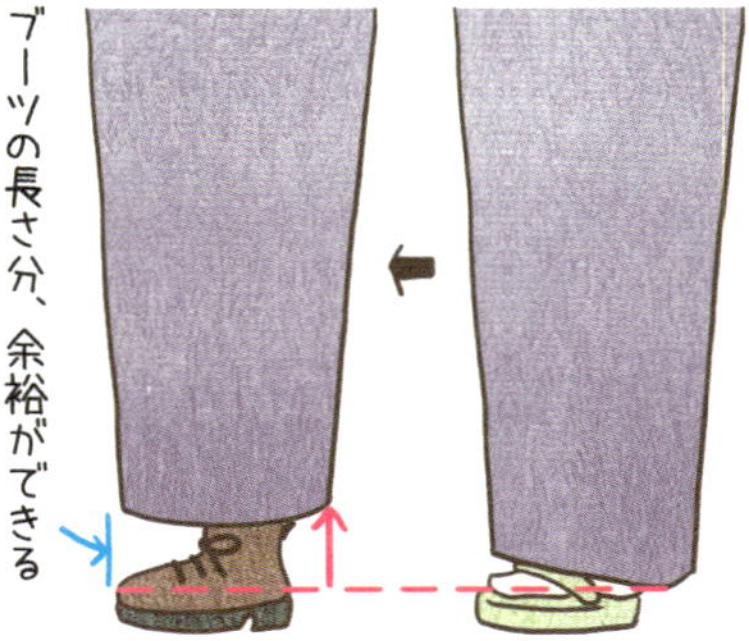
ブーツの長さ分、余裕ができる
パンプスにしてカラータイツや靴下を見せても可愛い

積極的にコーディネートで遊びたい人向け

アイテムで工夫する
見せる裾よけでコーディネートする

「ホムシュヘム」は下部分にプリーツを施した裾よけ

七宝焼きブランド「kimito」と「harunaShirasuna」のコラボ商品
いろんな柄があって可愛い！

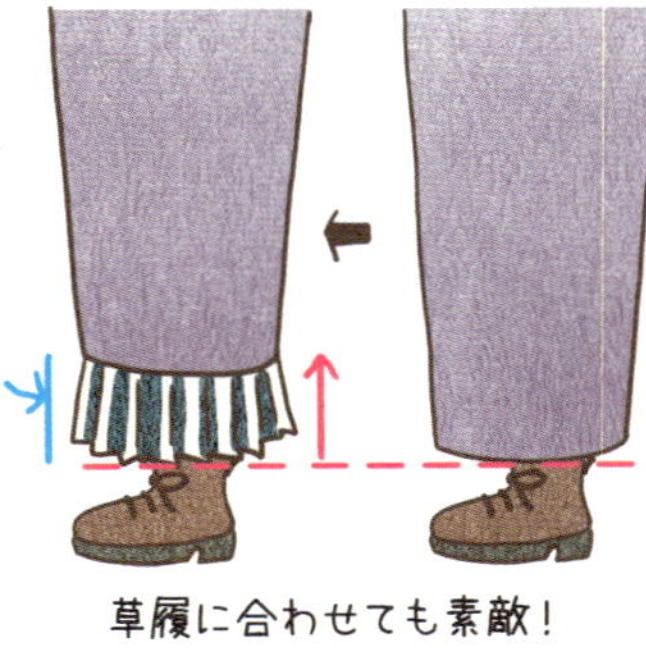
裾つぼまりに着付けると美しいマーメイドラインができる
プリーツ分余裕ができる
草履に合わせても素敵！

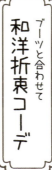

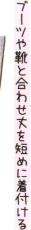

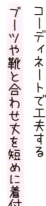

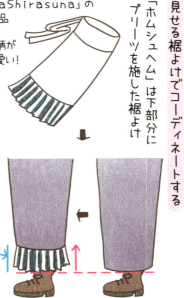

丈が長い場合

身丈が長いとおはしょりが長くなります
そんな時の対処法です

着付けで工夫する

おはしょりを持ち上げる

1. 前と後ろのおはしょりを持ち上げ

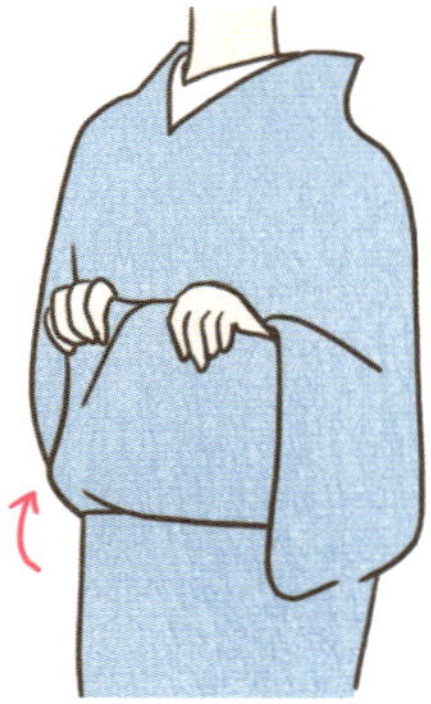

2. かぶせて紐で結ぶ

腰紐で調節する

腰紐の位置を上げる

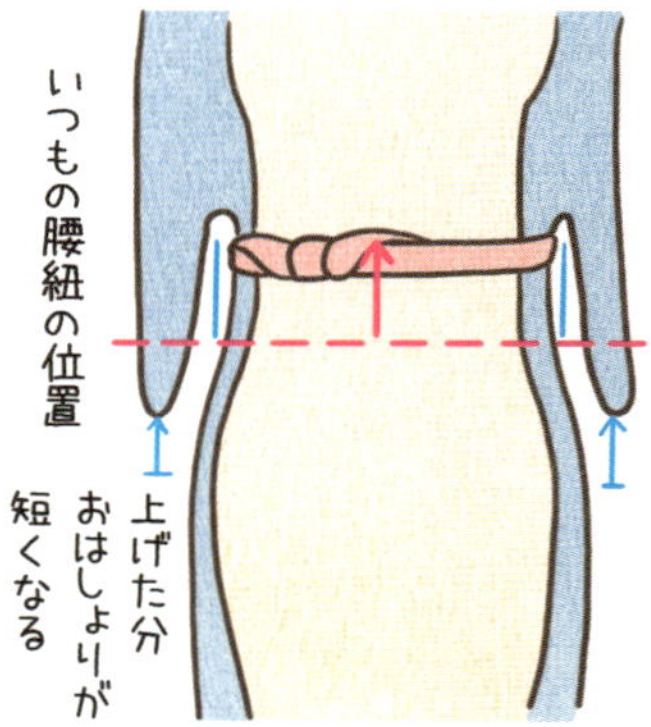
いつもの腰紐の位置
上げた分おはしょりが短くなる

まだおはしょりが長い時は
腰紐の上に更に伊達締めを締める

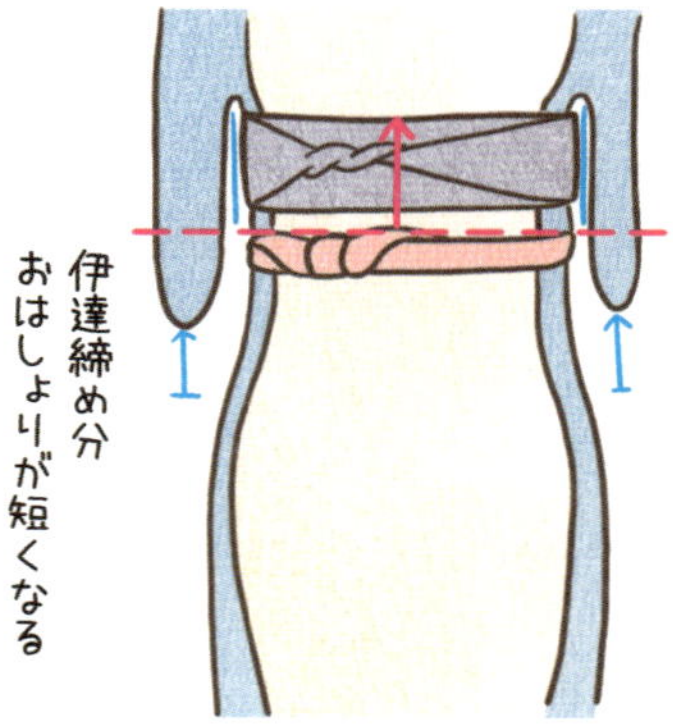
伊達締め分おはしょりが短くなる

腰紐を太くする

いつもの腰紐の位置でも太くなった分おはしょりが短くなる

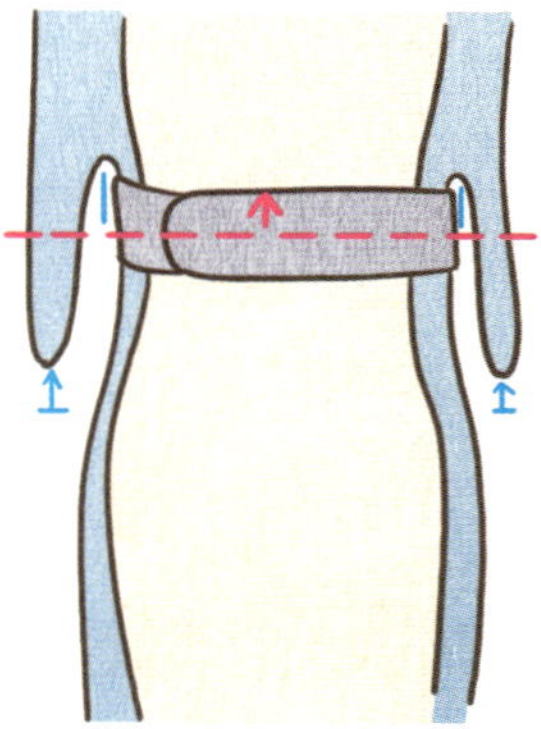

伊達締め代わりに売っている「マジックベルト」幅5～8cmが太い腰紐代わりにオススメです

私は小柄なのでマイサイズに裾上げしてます
浴衣や単衣は裏地がないので簡単です

お裁縫は得意でないけどこの時だけ頑張る

丈は長くても短くても ～羽織の袖丈～

コートは室内で脱ぎますが
羽織はお洋服だとカーディガンに
あたるので着たままで大丈夫
そして、帯結びに自信がない日も
優しくカバーしてくれる強い味方です
今回はよくある羽織と着物の袖丈が
合わない時の簡単な方法をご紹介

羽織の袖丈が短い場合

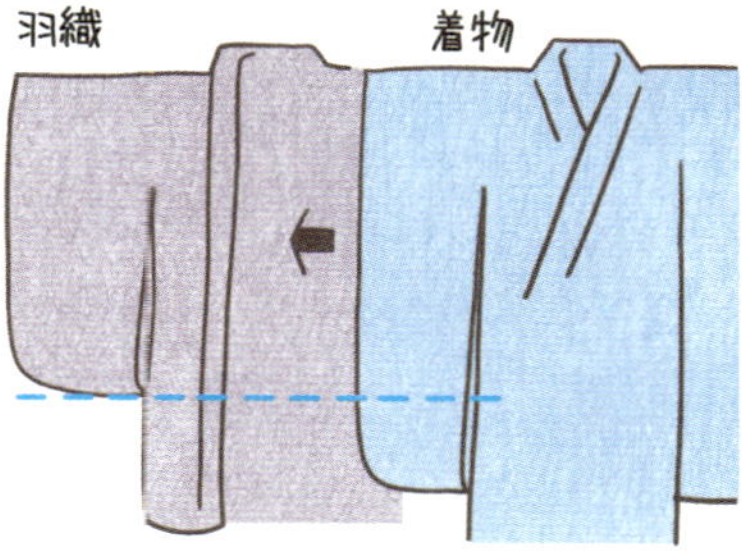

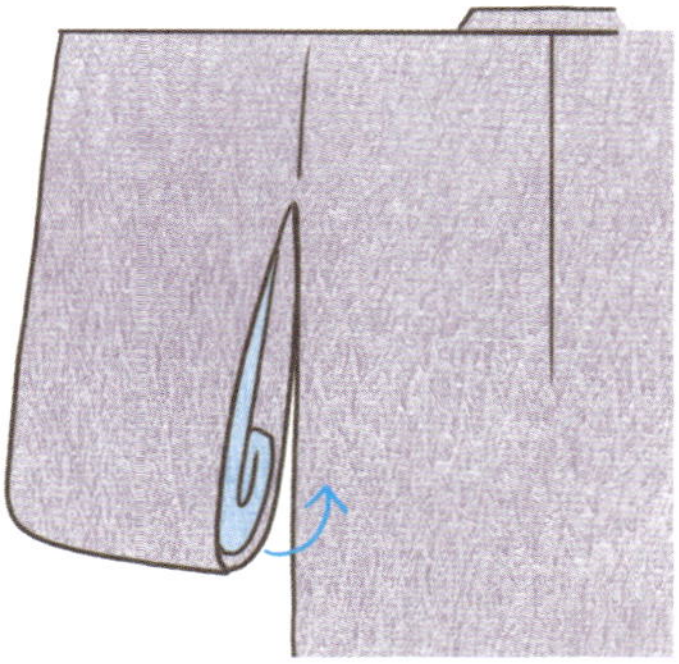

余った着物の袖を
くるくると中で折る

羽織の袖丈が長い場合

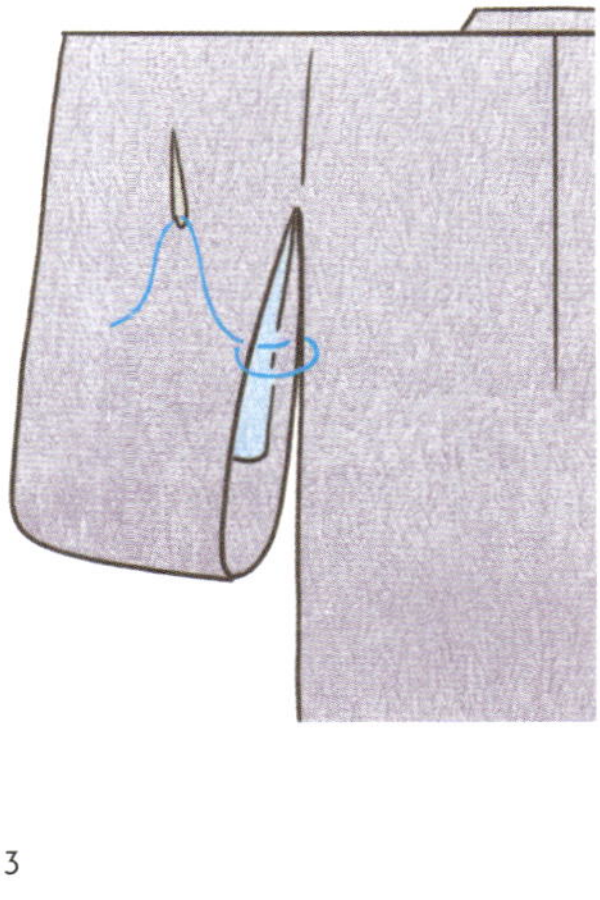

着物の袖が出ないように
羽織のふりを1箇所縫い止める

着物をシンプルにした 羽織メインのコーデ

羽織の衿の後ろは
折って着る

裄の足らなさはオシャレに転換

裄は、着物の中心にある背縫いから袖口までの長さのことです
サイズが合わない時は、着付けで調節したりアイテムで工夫ができます

裄が短い場合

写真を撮る時

裄が短い場合は肘を引いて撮ると丁度良く写る

キリッ
ハイチーズ!
シュッ
カシャ

着付けで調節

半衿を沢山出す

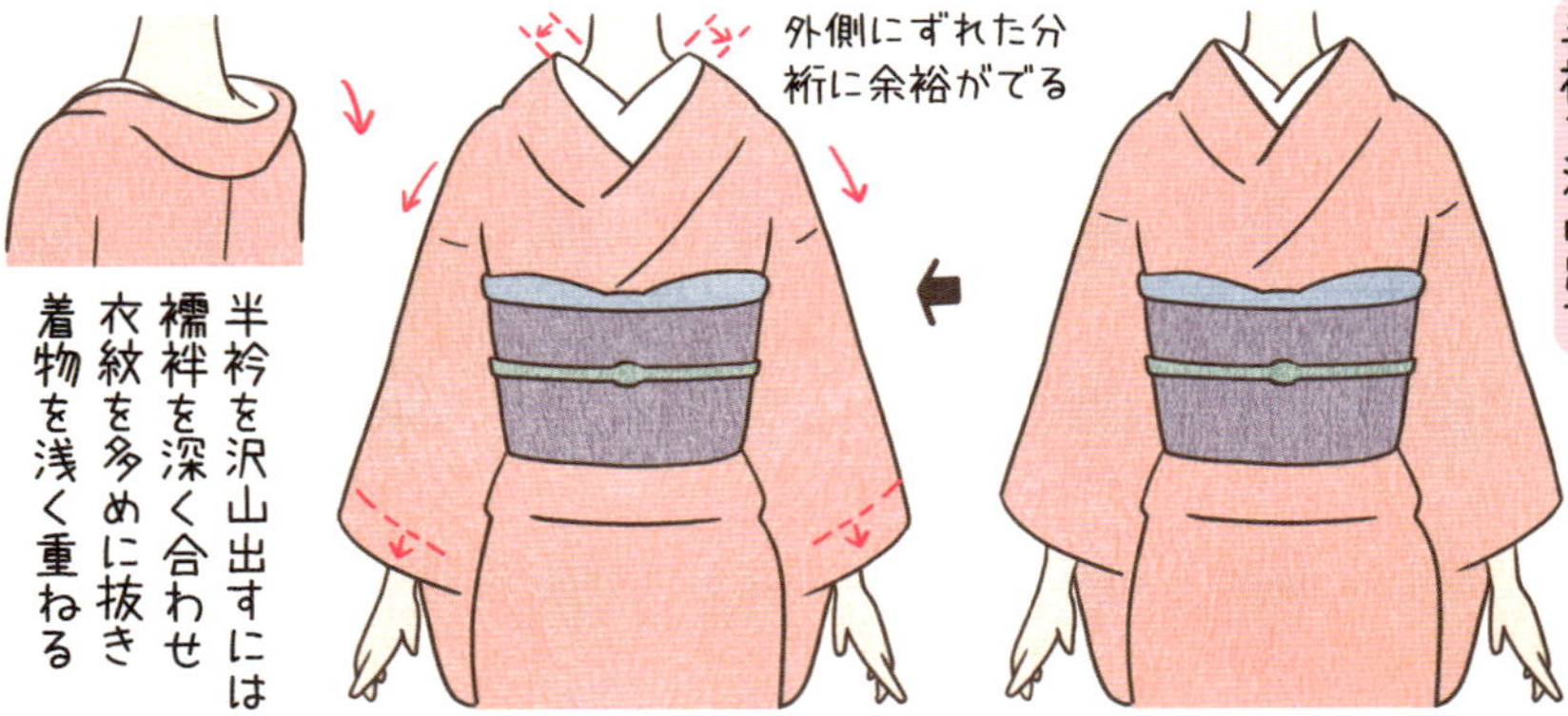
外側にずれた分裄に余裕がでる

半衿を沢山出すには襦袢を深く合わせ衣紋を多めに抜き着物を浅く重ねる

広衿を多めに出す

着物が広衿なら内側に折る分を少なくする

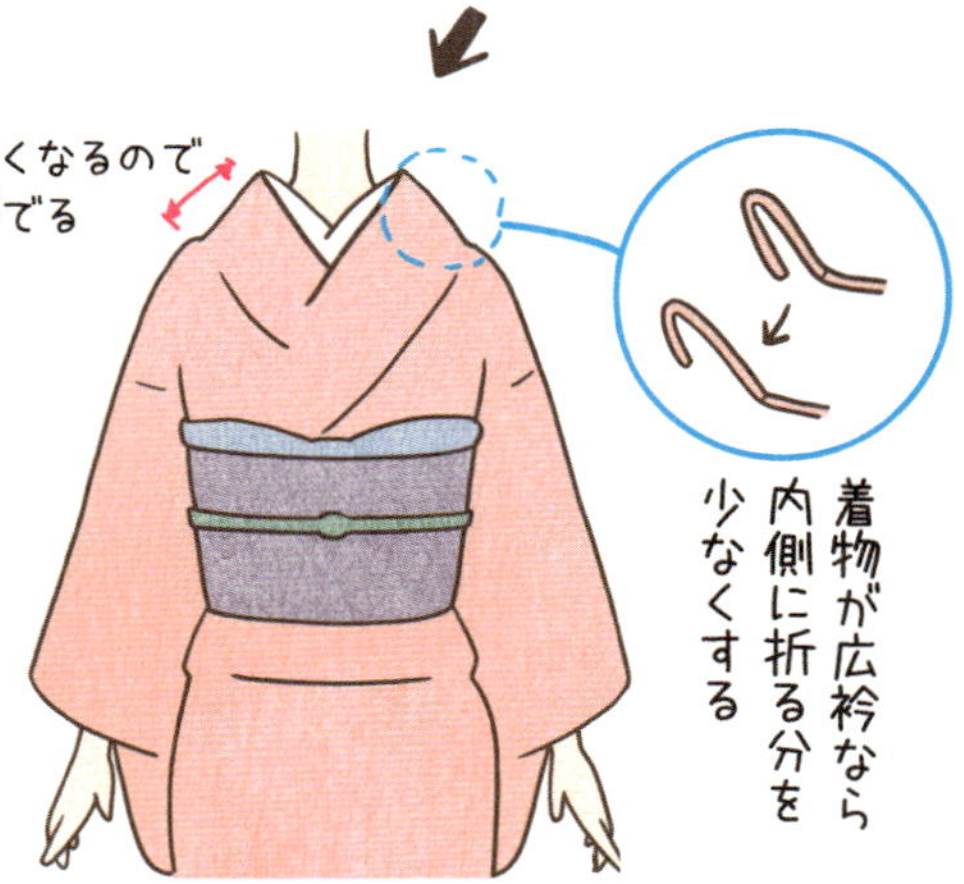
衿の幅が広くなるので裄に余裕がでる

裄が長すぎる時は逆に、着物の衿を深く合わせたり広衿を多めに折ると調節できるよ

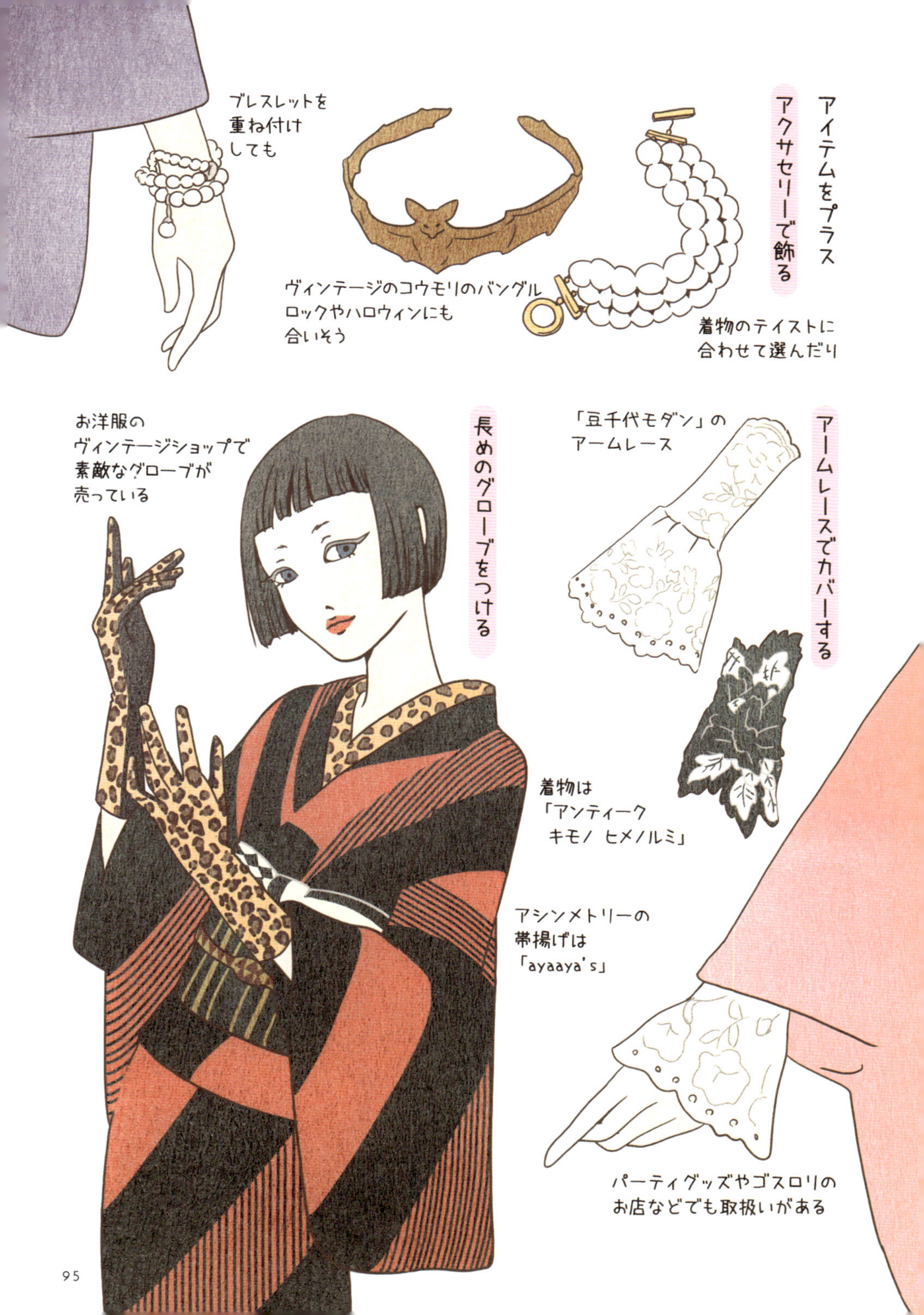
アイテムをプラス
アクセサリーで飾る
ブレスレットを
重ね付け
しても
ヴィンテージのコウモリのバングル
ロックやハロウィンにも
合いそう
着物のテイストに
合わせて選んだり
長めのグローブをつける
お洋服の
ヴィンテージショップで
素敵なグローブが
売っている
アームレースでカバーする
「豆千代モダン」の
アームレース
着物は
「アンティーク
キモノ ヒメノルミ」
アシンメトリーの
帯揚げは
「ayaaya's」
パーティグッズやゴスロリの
お店などでも取扱いがある

ヴァカンスドパリ

昔、オランダで絵の個展をした
その後、ヴァカンスでパリに行った時の話
ロッテルダムから高速列車タリスで約2時間半!
地元のアーティストのJに
観光案内してもらったり

METROPOLITAIN
アートを探して街歩き!
美しい!

地下鉄の入り口のアールヌーボーのアーチや
ギャルリー・ヴィヴィエンヌに連れてってもらった

もう一人友達
アーティストAちゃんから
友人のホームパーティへの
お誘いが

ホームパーティなら
普段着で大丈夫だな

普段着の着物しか持ってきてない

ホームパーティへ

はじめまして!
ニッコリ
着物素敵だね!
楽しんでいってね!

Aちゃんの友達
仕立ての良い服の紳士

油絵の肖像画

銀の食器

エッフェル塔の直ぐ側の家…

仕立ての良い服の人達…

この人達って…?

ん?
まさか…

うん?
貴族だよ!
Aちゃん
着物できて良かった!
正確には袴だけど

カジュアルで高級な洋服とか
持ってない!(笑) 着物、喜んでもらえて良かった…

二人とも英語が不確かな為当日知る事実

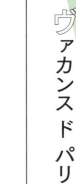

パリへ観光

美味しい！
オペラ座の近くのパン屋の
ベリーデニッシュが
やたら美味しかった
帰りにも買った
帯は子供用の幅が狭い帯を
カルタ結びにして袴
背中がフラットなので、日本からの
14時間のロングフライトも楽！
冬のパリは寒いから
ファー
マント
ウールのコート
コートを着ると
下が袴でブーツだから
ぱっとみ、和装とは
わからないかも！？
袴の紐は
「一文字結び」
男性が昔、普段着の
袴で結んでた
解けにくいし
活動的
全体がダークカラー
なので半衿、帯
コートは赤を差し色に
袖からちらりと見える
モスの襦袢も
華やかな柄に
母のお下がりの
ウールの袴は
急な雨も気にせず
早歩きもできるから
重宝した
ヨーロッパは
石畳と聞いたので
ブーツ

ウインターファッション 可愛い防寒

寒い冬！
冷え性だけど、オシャレしたい！
試行錯誤をした私の
最新の防寒レポート！

帯でお腹をぐるぐる巻くので
意外と
着物は暖かい！

鉄壁のお腹の守り！
断面図
帯
肌
肌襦袢から
帯の重ね着！

出ている手首足首を守れば
更に寒さをガードできる

しかし、最近は
外は寒いが
室内の暖房が強いので
昔と違い
気温差対策が必要！

着物の下に
沢山着たから
寒くない！

室内に入ると…
上着を脱いでも、暑い～
だけど着物の下に着たものは
脱ぎにくい～

ゴー
のぼせる

夏の冷房ガンガンも困る…

室内の暖房対策

着物の中はそんなに厚着をせずに
外の寒さにはこの上に厚めのコートを羽織る

着物の中

・長袖Tシャツ

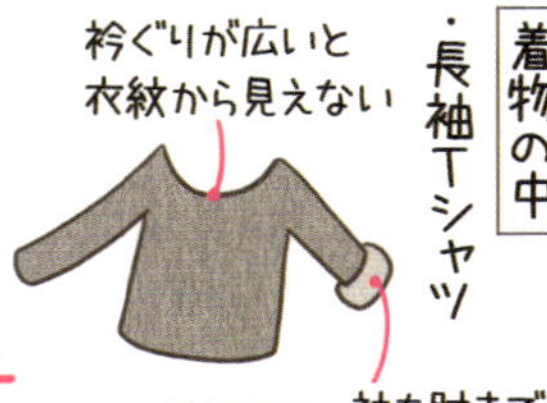
衿ぐりが広いと
衣紋から見えない
袖を肘まで
捲ると
隠れる

・ショーツ、スパッツ
足袋

ストレッチ足袋の
ロングタイプだと
隙間ができず暖かい！

＋

・ワンピースタイプの肌襦袢、補正タオル

上が肌襦袢で
下が長襦袢の作り
洗えるシルクなので
冬の静電気で
裾が汚れても大丈夫

＋

・レースの筒袖の半襦袢

木綿なので
暖房で汗を
かいても洗える

私は
のぼせにくい
頭寒足熱の
スタイル！

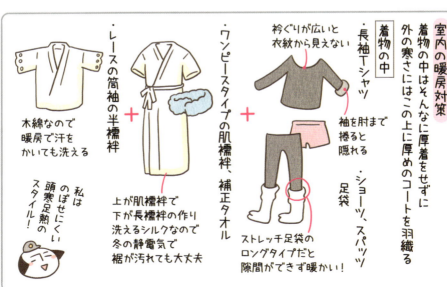

ウィンタースタイル

外で音楽を聞くので
ヘッドホンを
イヤマフ代わりに

首元は
お気に入りの
緑と紺のバイカラーの
ファー

屋外では
着物にプラス
厚めのコート

袖口がリブで
手の甲まで
暖かい

コートの丈は
腰までカバーしてると
暖かさが違う！

足回りはブーツで行けない場所では着脱が楽なファーグッズでガード

ふわっ ふわっ

爪掛けは外側がスエードで
内側はファー
鼻緒につけるだけ！
ムートンブーツ並みに暖かい！

足首もファーの
レッグウォーマーで
ガード

下は緑の草履

目的地についたら
ジップロックに入れて
コートと一緒に
クロークなどに預ける

アザラシ草履など色々試したが
今はこのスタイルに落ち着いた

外での防寒は
出ている手首足首を
守るのがポイント！

クリスマスこそ着物で

ハロウィンの後、街は一気にクリスマスのイルミネーションへ
着物も12月に入ると毎年クリスマスコーデを楽しんでます
クリスマスに関係することを紐付けてコーディネートしてみましょう

1. 色を取り入れる

クリスマスカラーといえば
赤、白、緑、銀、金

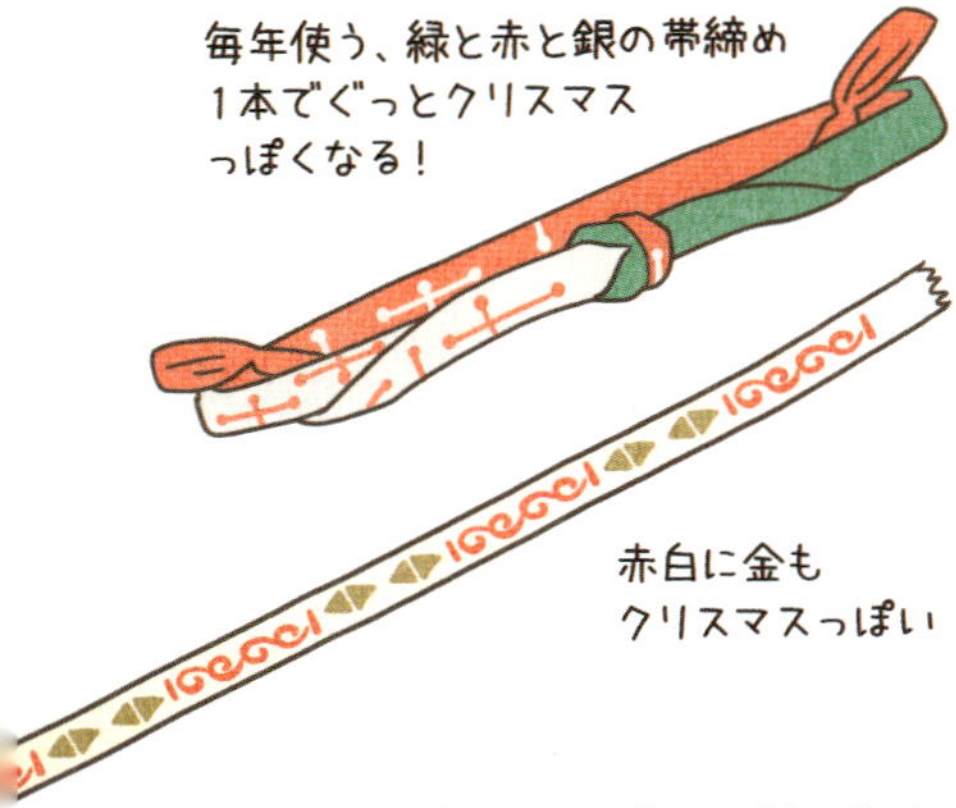

毎年使う、緑と赤と銀の帯締め
1本でぐっとクリスマス
っぽくなる！

赤白に金も
クリスマスっぽい

友達のNさん作　外国の生地の帯

トナカイと水玉の名古屋帯

秋は鹿の恋の季節でよく鳴くので
鹿は秋の季語ですが、トナカイに
見立てて12月にも使ってる

2. クリスマスモチーフをあしらう

ヨーロッパに住む精霊「ノーム」の帯
赤い三角帽子をサンタに
見立てる

ヨーロッパの
デッドストックの生地で作った
豆千代モダンの半幅帯

イチゴのバッグを
クリスマスケーキに
見立て

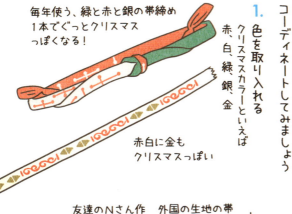

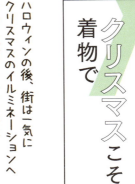

クリスマスコーデ

ファーは雪のイメージ

ヨーロッパのヴィンテージの
ヘッドドレス
カチューシャのようなタイプ

白いレースの
半衿

サンタに見立てた
ノームの半幅帯

ビジュー、パール、スターの
帯留めはクリスマスの
イルミネーションのように
華やかに

ゴブラン織りの
アンティーク
バッグ

12月になると
夫のお母さんから
りんごが1箱届くので
クリスマスのランチ会で
お友達におすそ分けを
している

蜜が多くて
美味しい！

赤と黒のチェックの
お召の着物

全体を
白、緑、赤の
クリスマスカラーに

指輪が帯留めに

着物を着始めると何を見ても
着物に使えるか？という思考になる
そんな中見つけた、簡単に
指輪を帯留めにする方法をご紹介

Accessories
帯留めになるものないかな〜
何してるの？

骨董市からファストファッションのお店まで宝探しゲーム！

ツーフィンガーリングを帯留めに

ゆるい作りも和むジャガー

他にもシマウマ
自転車のデザインも
FOREVER21で買った

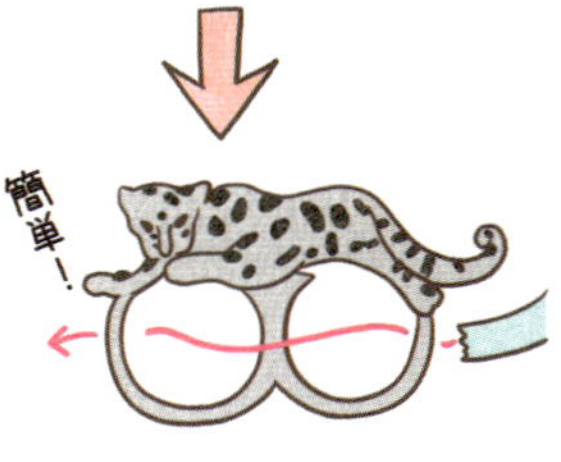
簡単！

指輪の輪に帯締めを通すだけ！

※飾りが上向きで横に立体感がある
タイプは向かなかった

シマウマのリングは
緑色の帯締めを草原に見立て
キリン柄の帯でサバンナコーデにしたり

自転車のリングは2つでつけて
グレーの帯締めを道に見立て
花柄の帯をお花畑に見立て
サイクリングコーデにしても

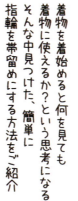

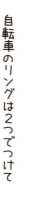

ゴムタイプの指輪を帯留めに

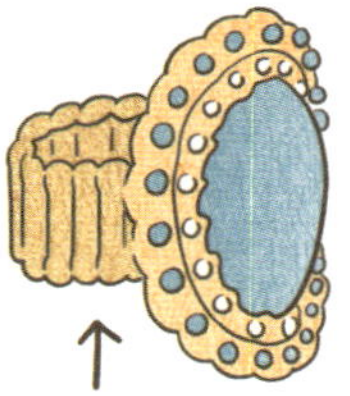

ここがメタルビーズで
伸縮ゴムが入ってる

1. リングをハサミで切り分解する

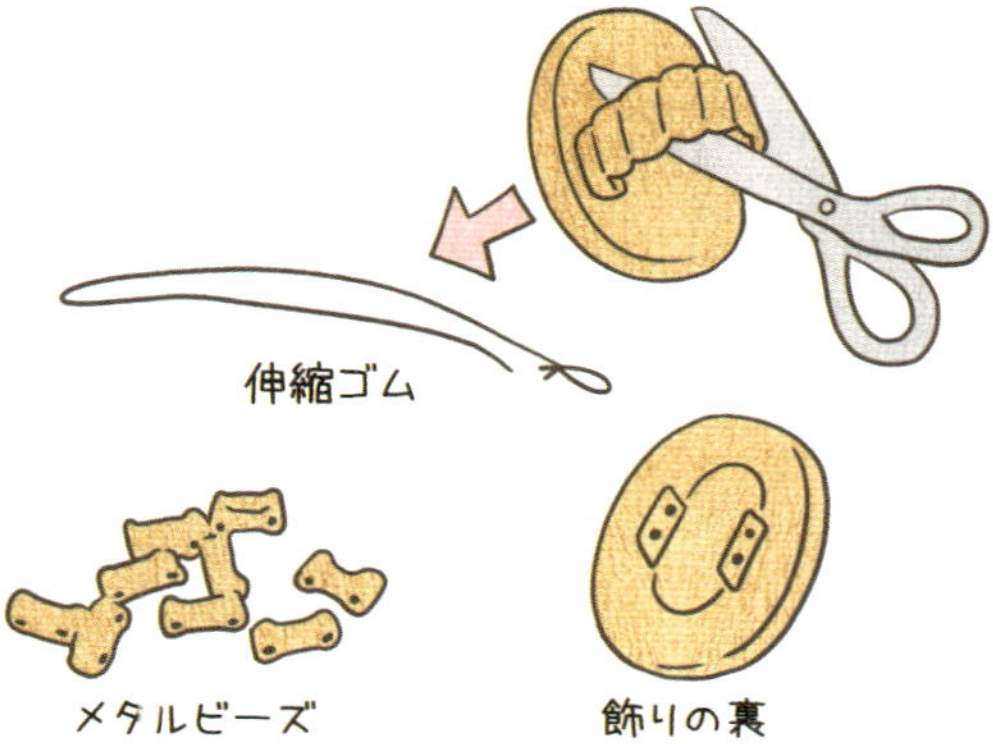

伸縮ゴム
メタルビーズ
飾りの裏

2. 中に入ってた伸縮ゴムをもともとゴムが入ってた穴に通して結ぶ

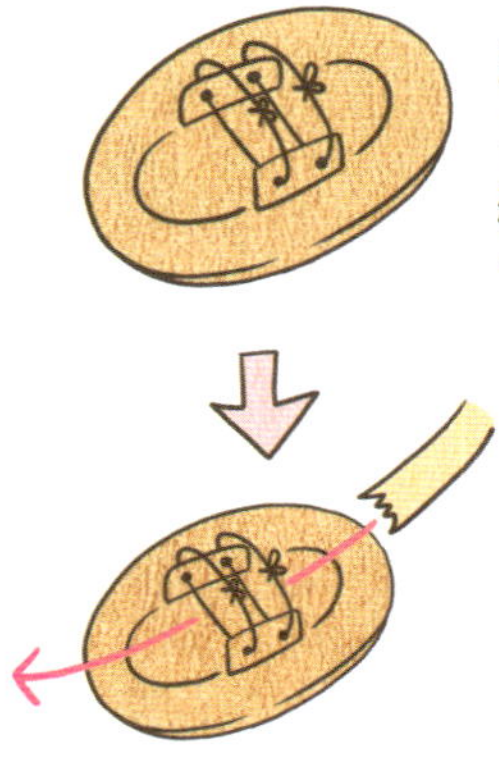

伸縮ゴムの下に
帯締めを通す

※帯留めにすると飾りが90度回るので回っても大丈夫なデザインがオススメ

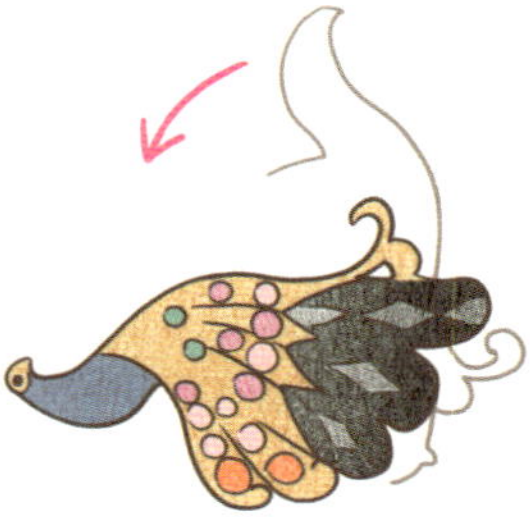

丸や楕円とか
オススメです

木綿の着物や浴衣などカジュアルな着物に合わせやすい

絶対使える！ 半幅帯結び
～矢の字結び～

半幅帯は浴衣以外に
普段着の着物にも使えます
背中がフラットになる結びは
椅子に楽に座れるので肩の力を
抜いてリラックスできます
そんな平面的な結びを2つ紹介します

必要なもの

半幅帯、帯締め
ゴム付きの帯板は先につける

更に帯留めや帯揚げを
プラスすると
よりコーデを
楽しめます

1.

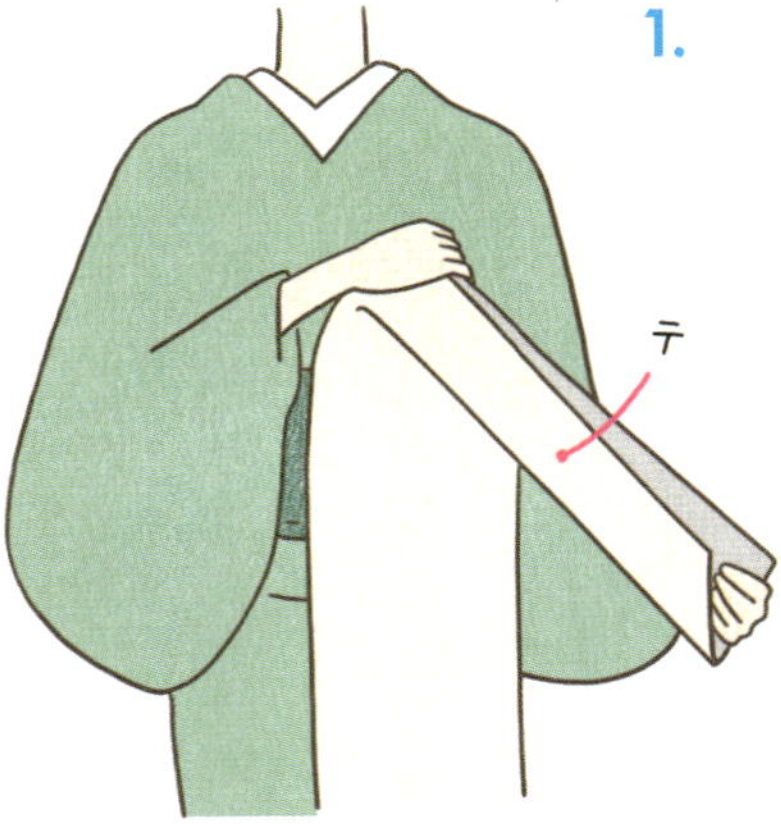

テを手から体の中心まで長さをとり
2つに折る

2.

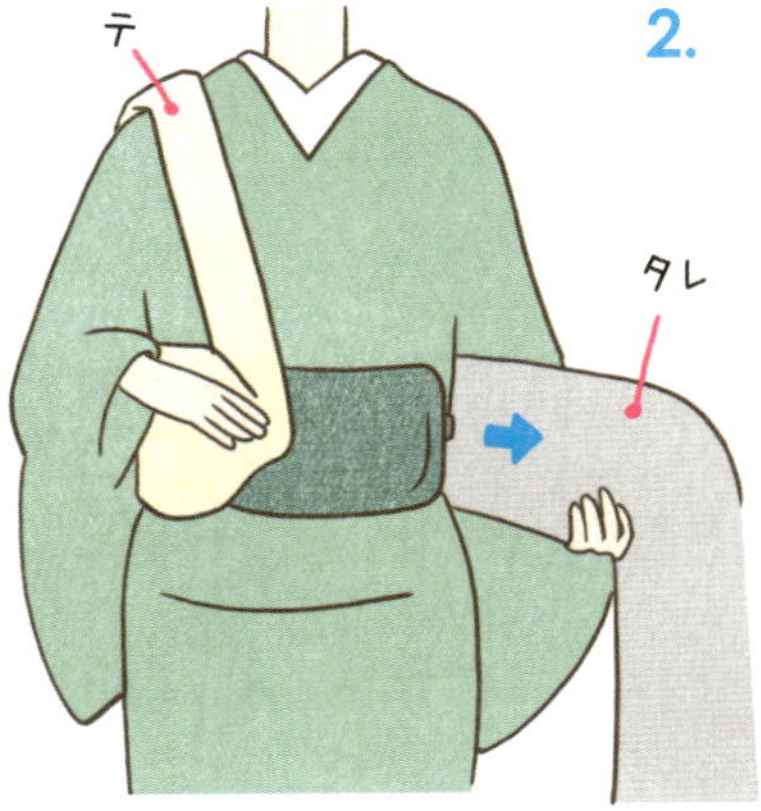

テを肩にのせ帯を胴に2回巻く

博多織の半幅帯を
矢の字結びで
キリッと

⑥でテを
広げると
ボリュームが
でき腰回りが
より華奢に
みえる

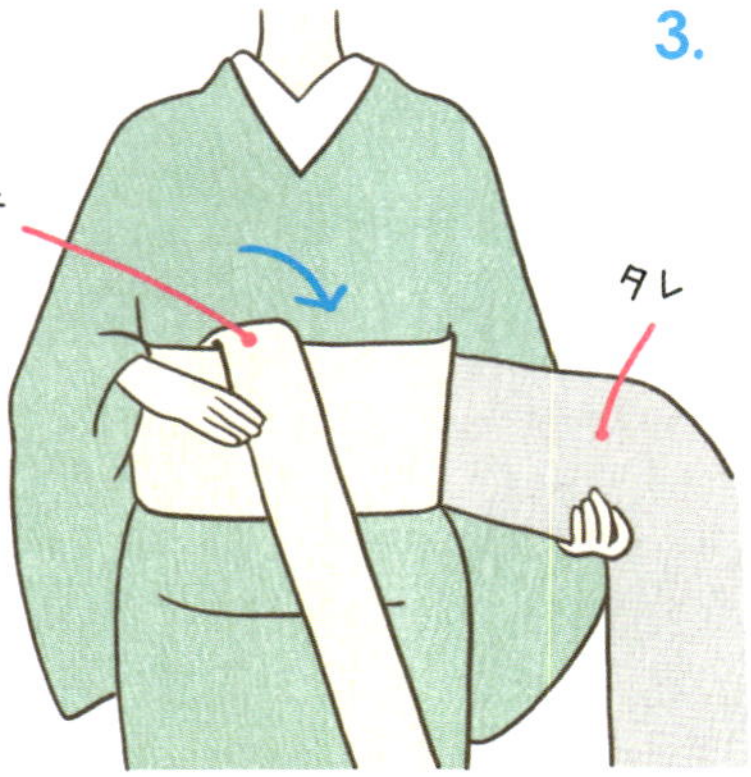

テを肩から斜め下に下ろす

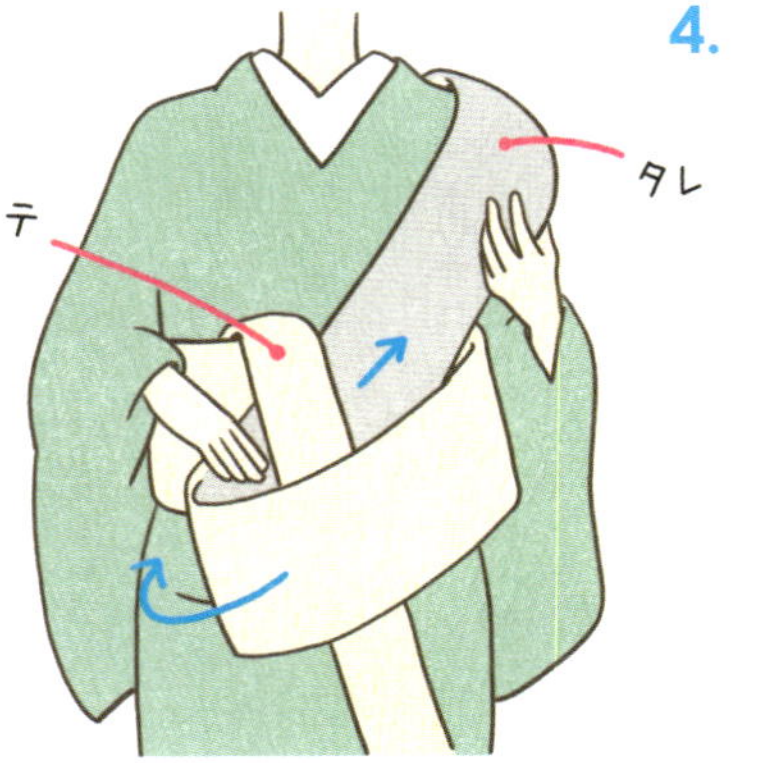

テの下にタレをくぐらせる

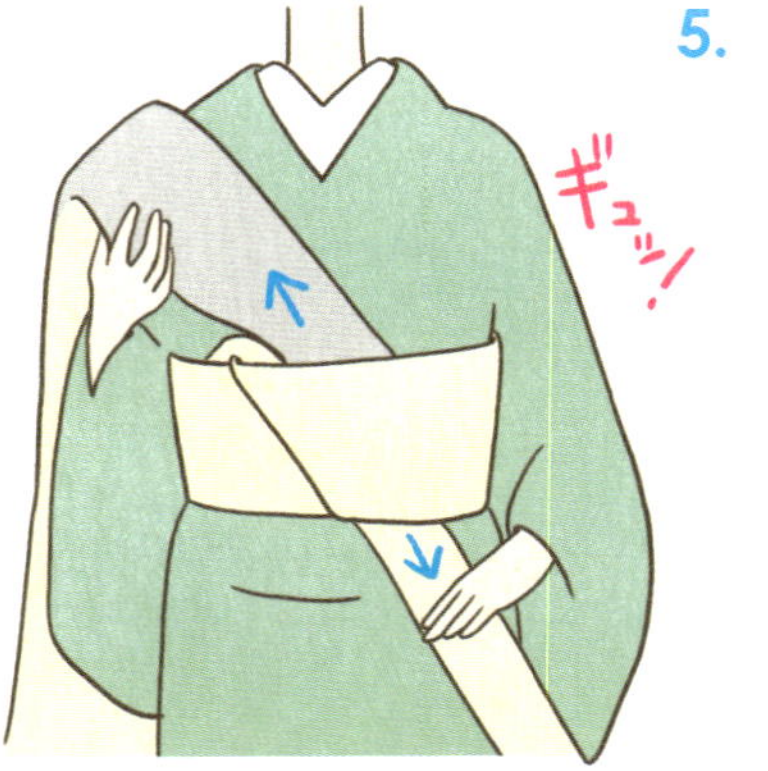

タレを上に引きギュッと結ぶ

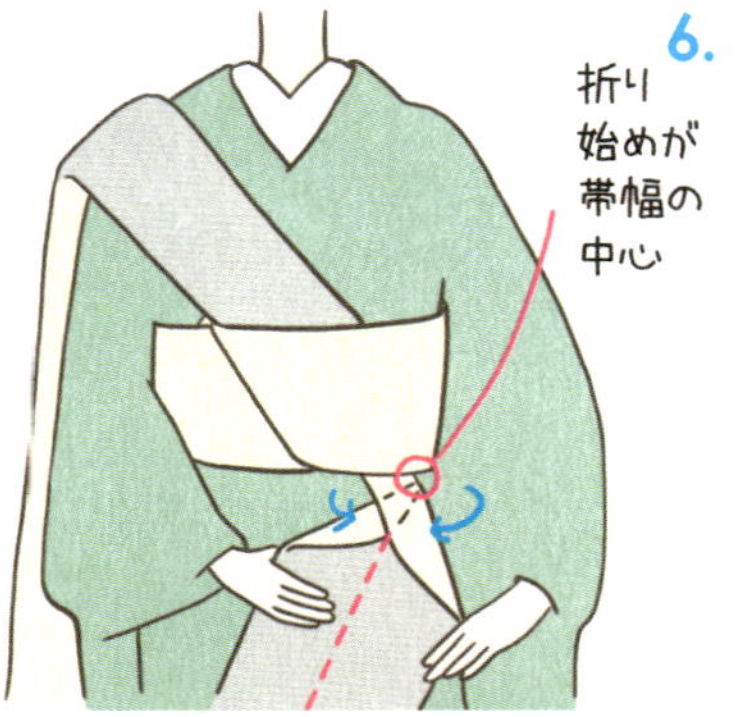

テを帯幅に広げ、図のように内側に折ると
⑫でテの根本が綺麗な角になる

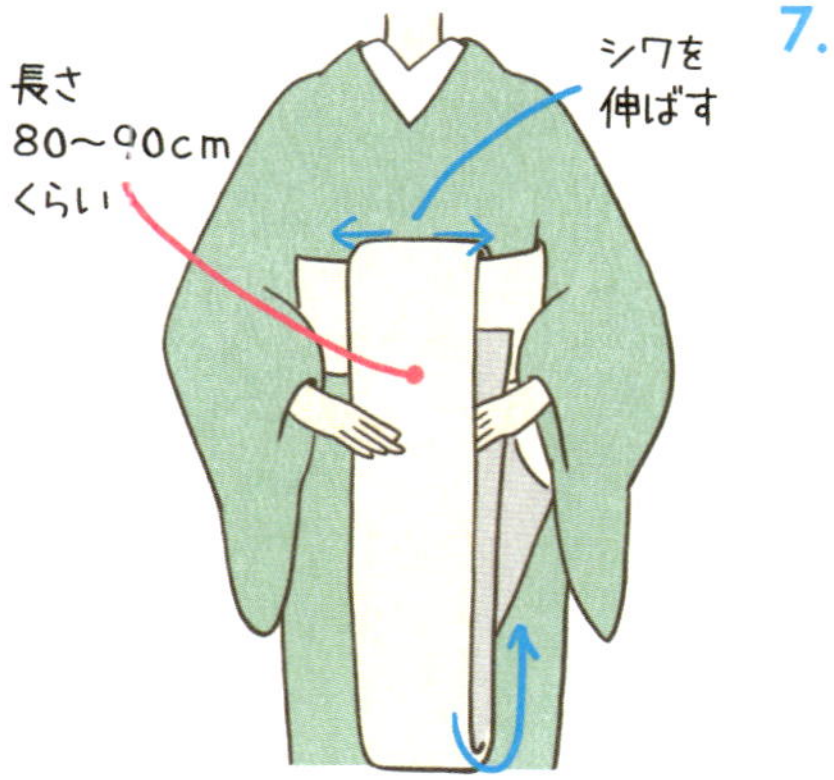

タレを下ろし膝下で内側に折り上げる

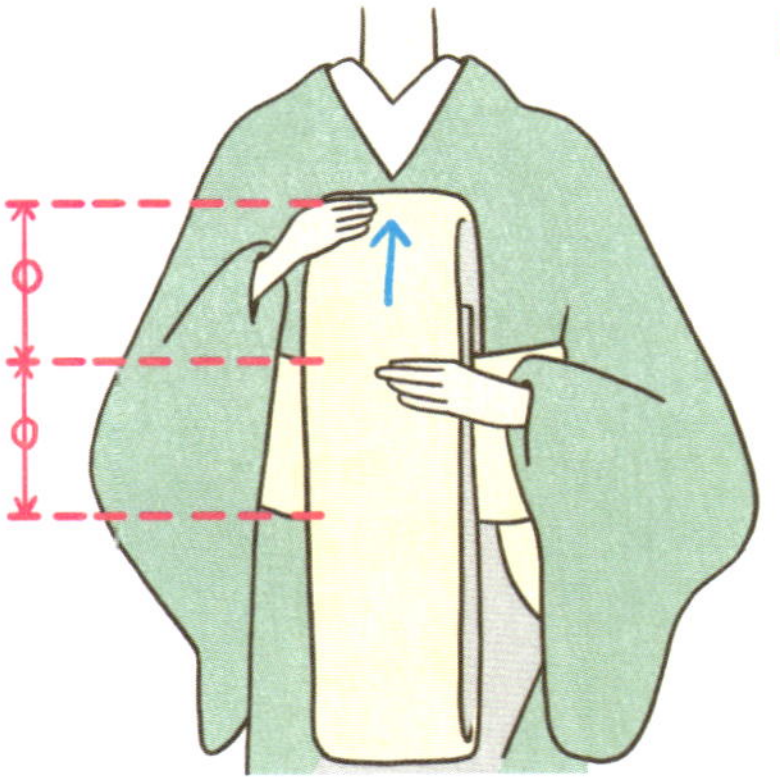

タレを帯上に半幅の幅分持ち上げる

9.

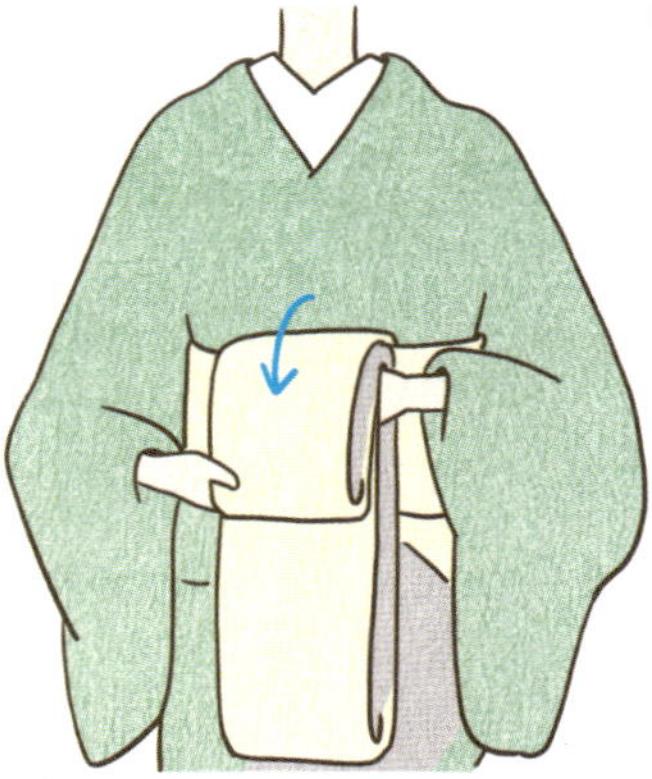

タレを輪の状態にして下げる

10.

輪の内側の１枚をテの方にずらす

11.

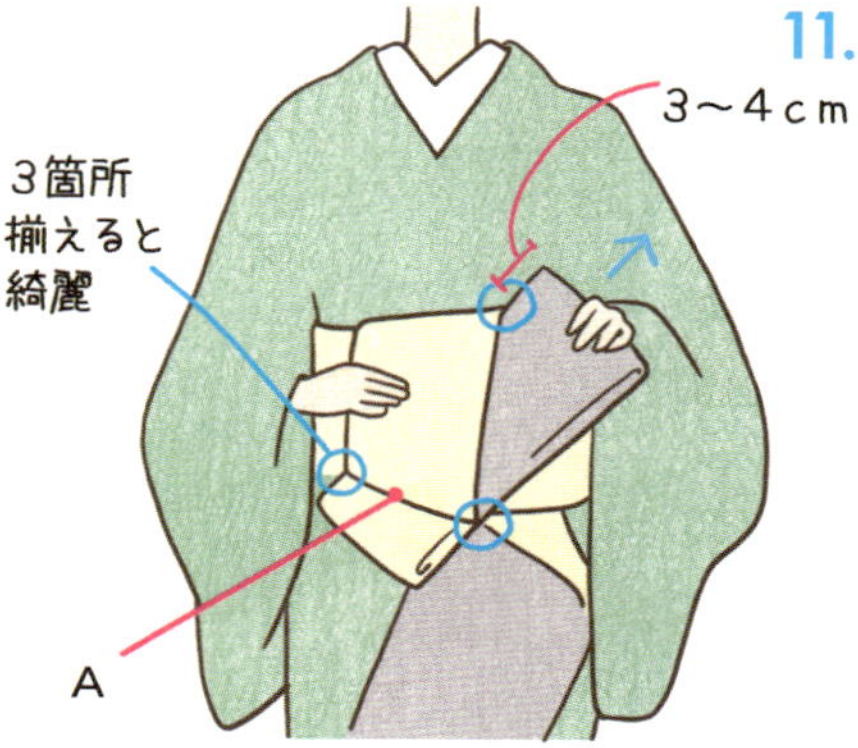

Aをキープしたまま角を3〜4cm出す

12.

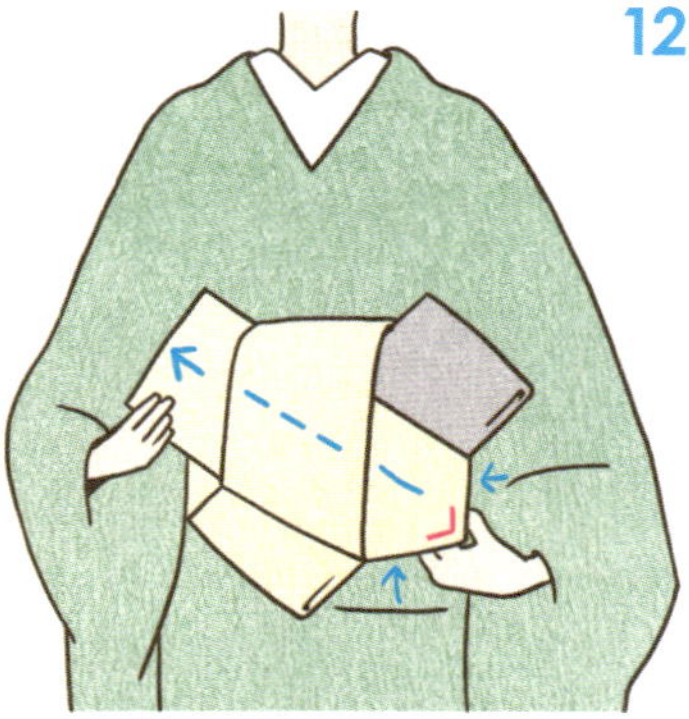

テを輪の中に斜め上に通し
テの根元の角を整える

13.

帯締めを通し軽く締める

14.

帯の上下を持ち帯を右へ回し
帯締めを締め直す

絶対使える！半幅帯結び
～片ばさみ～

片ばさみは、武士が袴をつけない
着流しの時の帯結びで
刀を差しても解けにくいです

マニッシュなコーディネートや
メンズの着物や帯で
スタイリングする時に
オススメな結び方です

そして、究極にシンプルな
結び方なので手順も簡単です

丹下左膳好き…

「着流し」は
袴を穿いてない
着物のみの呼び名

必要なもの

半幅帯のみ
ゴム付きの帯板は先につける

1.

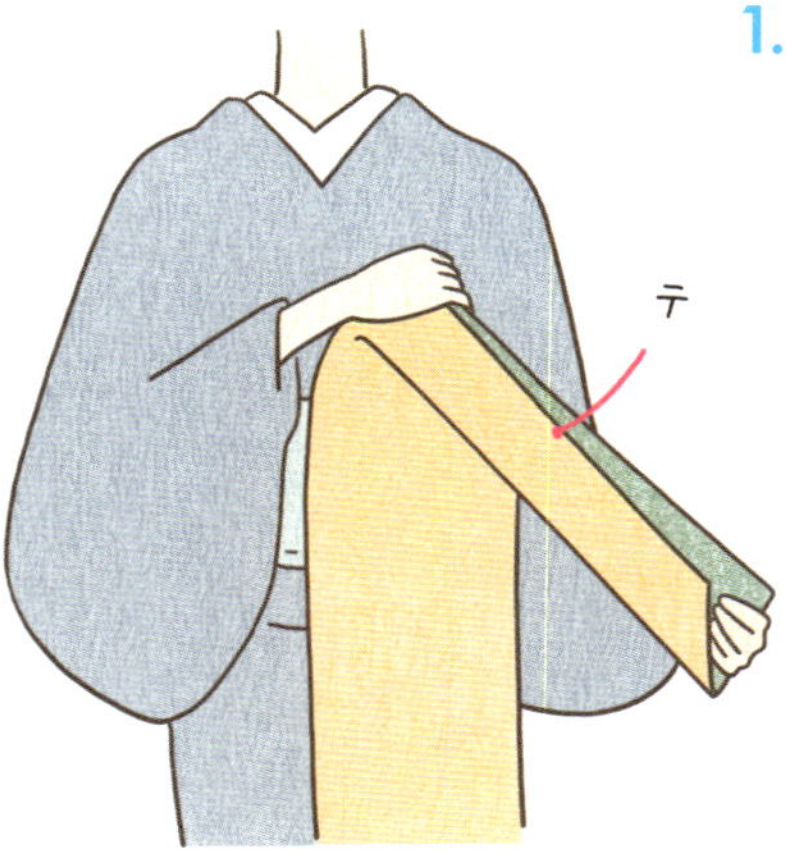

テを30～40cmほどとり2つに折る

2.

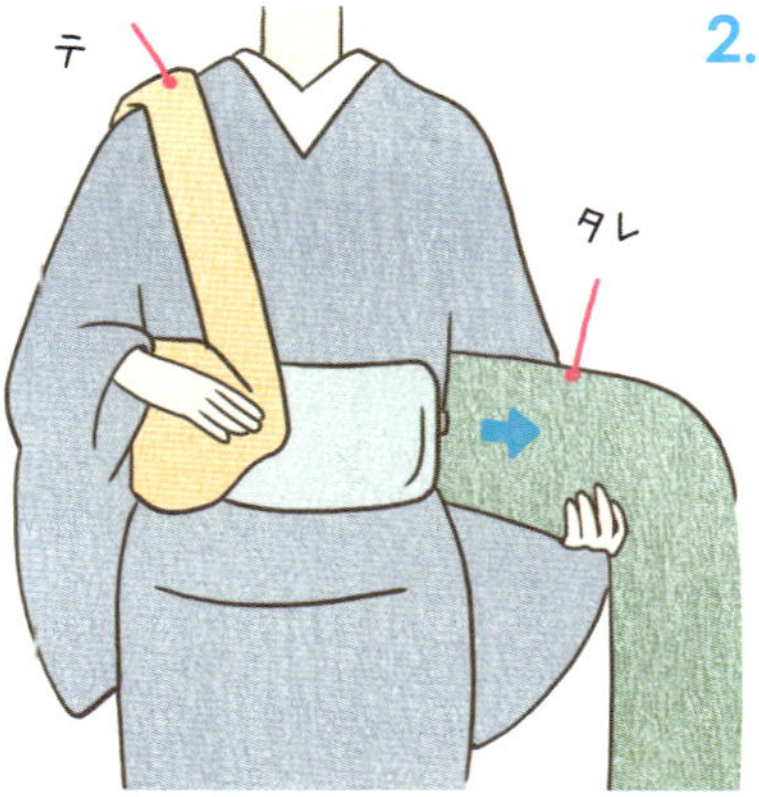

テを肩にのせ帯を胴に2回巻く
長めの帯は3回巻く

3.

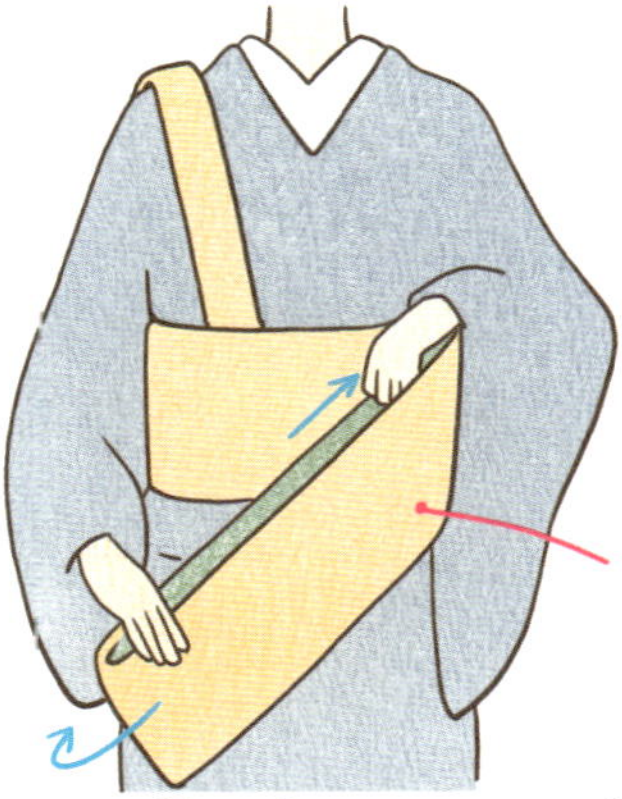

タレはテの長さプラス20cmほどとり
内側に折る

4.

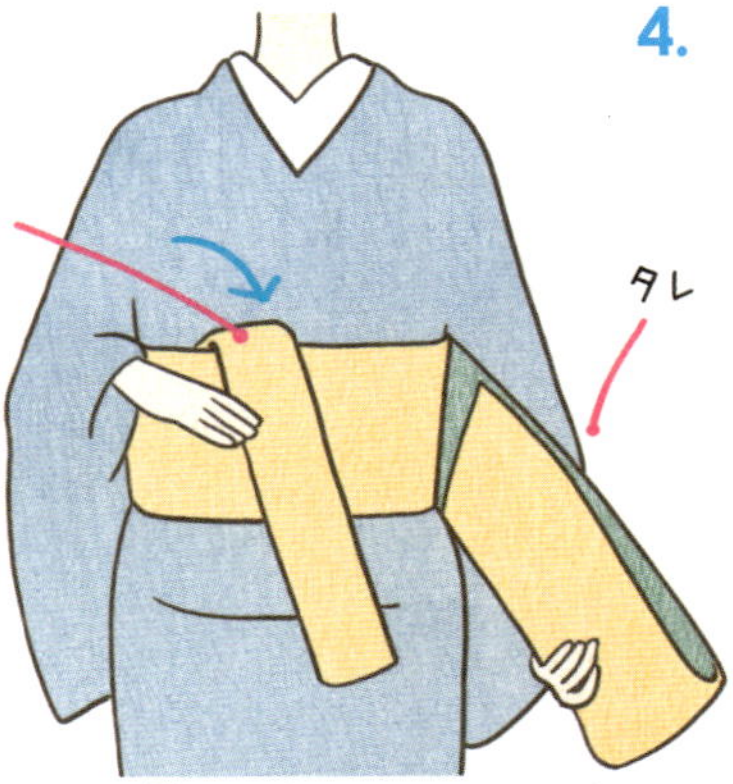

テを肩から斜め下に下ろす

5.

タレをテの上に重ね

6.

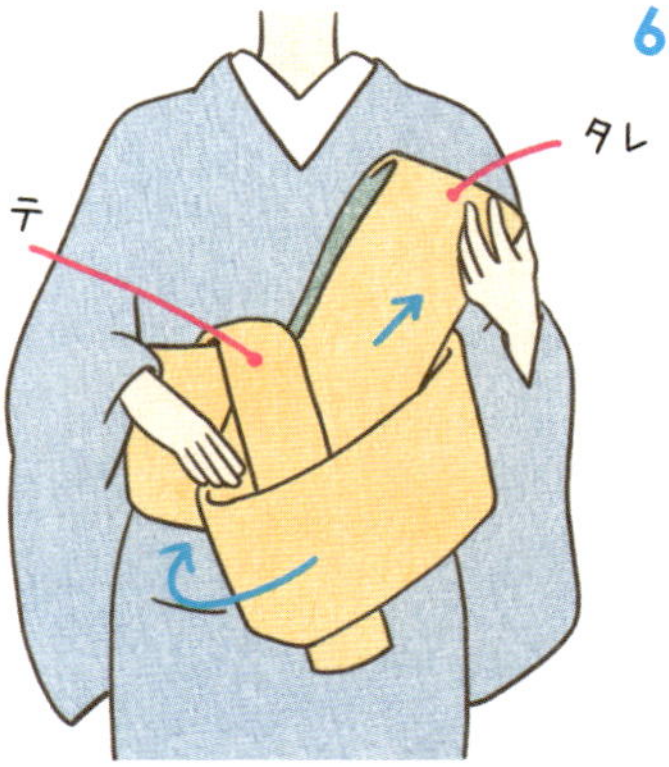

テの下にタレをくぐらせる

7.

タレを上に引きギュッと結ぶ

8.

タレを下ろし根元のシワを伸ばす

9.

胴に巻いた帯の1番上の1枚をめくる

片ばさみでマニッシュコーデ

メンズ
ライクな
中折れ帽子を
合わせて
おはしょり
なしの
あえて対丈に
メンズの
大きめの
時計
フラットな
ローファー

10.
帯の中にタレを通す
11.
左右を整える
12.
帯の上下を持ち帯を右に回す

あとがき

「きもの番長　おしゃれのＡｔｏＺ」に最後までお付き合いくださり、どうもありがとうございます。今までは、着物に興味がある、着物を着てみたい、そんな初心者の方に読んでいただければと思って描いてきました。今回はそれに加えて、着物を眺めるのが好きな方、着物エッセイを読むのが好きな方、そんなふうに様々な立場の方に着物の楽しさが伝わるように、着物を着て楽しんでいる自分の日常を、そのままエッセイとして描きました。

温暖化による猛暑など、過酷な現代の生活環境の中で、実際に自分でしている「着物を着るための工夫」をお伝えしました。四季の花の咲き変わりを、着物を通してより濃く季節の移ろいとして感じたエピソードの他に、海外旅行やそこでのパーティ、芸者姿に変身したりなど、特別な日の楽しさも盛り込みました。また、着物を楽しむ入り口として、一番手頃な浴衣についてはＨＯＷ ＴＯからお伝えしてみました。その他、すぐチャレンジできる簡単かつ楽ちんな帯結び、サイズの合わない着物の着方や小物の工夫などを紹介しました。

毎回、着物の本を描く時は必ずテーマを決めています。十二ヶ月の季節のコーディネートだったり、色の組み合わせだったり。今回のかくれたテーマは「見立て」です。「見立て」とは、ある物を他の物でなぞらえて表現すること。例えば、日本庭園で白砂等の模様で水流を表現したりすることもそうです。日本の文化を知るたびに、昔から想像で遊ぶのが好きで得意だったんだなと思います。

着物はコーディネートでストーリーを作ることのできる余白や遊びがあります。難しく感じるかもしれませんが、連想ゲームみたいなものです。着物だからといって日本の四季や文化に関連するものでなくても、自分たちの生活の延長線上にある、例えば、ピーターラビット展を開催して

いる美術館に行く時だったら、どこかにひとつウサギを取り入れるとか。ウサギのブローチを帯留めとしてもいいかもしれません。アイテムがなくても、クリスマスには赤と緑のクリスマスカラーを意識した着物のコーディネートを楽しんだり、ちょっとした工夫ひとつで日常がわくわくしたものに変わります。

最初は、ひとつの小物や色から始めてみると入りやすいと思います。組み合わせの楽しみなので、高価なものである必要はなく、想像力を駆使してストーリーをゲーム感覚で作れるので、面白いのです。慣れてきて、コーディネートがばっちり決まると、パズルの最後のピースがはまった時のような達成感があります。本の中では、映画を観に行った時に見立てたコーディネート等をたくさん紹介していますので、参考になれば嬉しいです。着物を着ることに慣れてきたら、ぜひ貴方ならではのストーリーを作って更に楽しんでみてください。

現在、気づけば着物を着始めて20年経ち、変わらずに楽しい着物生活を送っています。憧れていたアンティーク着物の伝道師の池田重子さんに関わるお仕事も出来、着物と付き合い続けてきて良かったなと心から思っています。そして、やっと子供の頃からの夢、猫との暮らしを実現することができました！　今回は猫愛も詰め込んだので、所狭しと愛猫バロンが小さなコマにも登場しております。ぜひ探してみてくださいね。

「着物は楽しいよ！」とストレートに伝えたい想いを尊重し導いてくれる編集の田辺さん、嬉しい感想を励ましと共に送ってくれる読者のみなさま、応援してくれるお友達、毎回、快く手伝ってくれるパートナー、ハードな執筆中に癒しと活力をくれる愛猫バロンに感謝いたします。本当にありがとうございました。

２０１９年初夏　松田恵美

プロフィール

松田 恵美 / まつだ めぐみ
着物と猫が好きなイラストレーター。著書に着物を
日常におしゃれに楽しくをテーマにした『きもの番長
ことはじめ』『きもの番長2』（ともに祥伝社）がある。
また、中国語版も出版されている。
HP　megumimatsuda.com
Twitter　@kimonobancho
Instagram　kimonobancho
LINE スタンプ　きもの番長の着物乙女

装丁・デザイン　荻原佐織（Passage）
編集　田辺真由美

きもの番長 おしゃれのAtoZ

2019年6月10日　初版第一刷発行

著者　松田恵美
発行人　辻 浩明
発行所　株式会社祥伝社
〒101-8701
東京都千代田区神田神保町3-3
03-3265-2081（販売）
03-3265-1084（編集）
03-3265-3622（業務）
印刷　図書印刷株式会社
製本　ナショナル製本

ISBN978-4-396-61694-6　C0076
Printed in Japan